改变重塑，一起前行

——基于核心素养的教学研究与实践

马熙玲 李婕 编著

吉林大学出版社

·长 春·

图书在版编目（ＣＩＰ）数据

改变重塑，一起前行：基于核心素养的教学研究与
实践 / 马熙玲，李婕编著. -- 长春 ： 吉林大学出版社，
2024. 9. -- ISBN 978-7-5768-3854-1

Ⅰ. G632.0

中国国家版本馆CIP数据核字第2024ZJ9892号

书　　名　改变重塑，一起前行——基于核心素养的教学研究与实践
　　　　　GAIBIAN CHONGSU，YIQI QIANXING——JIYU HEXIN SUYANG DE JIAOXUE YANJIU YU SHIJIAN

作　　者　马熙玲　李婕
策划编辑　米路晗
责任编辑　张　驰
责任校对　白　羽
装帧设计　新梦渡
出版发行　吉林大学出版社
社　　址　长春市人民大街 4059 号
邮政编码　130021
发行电话　0431-89580036/58
网　　址　http://www.jlup.com.cn
电子邮箱　jldxcbs@sina.com
印　　刷　武汉鑫佳捷印务有限公司
开　　本　787mm×1092mm　　1/16
印　　张　15.75
字　　数　300 千字
版　　次　2024 年 9 月第 1 版
印　　次　2025 年 4 月第 1 次
书　　号　ISBN 978-7-5768-3854-1
定　　价　88.00 元

前言

为全面贯彻党的二十大精神，建设高质量教育体系，推动教育高质量发展，办好人民满意的教育，我校全面贯彻党的教育方针，落实"立德树人"根本任务，培养德智体美劳全面发展的社会主义建设者和接班人，学校坚持质量立校、科研兴校、品牌强校，践行"为党育人，为国育才"的神圣使命，将国家"育人蓝图"变为学校"施工图""实景图"。

我校围绕"幸福教育"的办学理念以及"着眼于未来，着力于素质，落点于幸福"的办学思想，亮出办学愿景——致力于办成一所中西兼备、科技与人文并重，具有国际视野、家国情怀，带有鲜明科技特色的现代化名校，成就师生有意义有价值的幸福人生。构建了五育融合的幸福课程，形成了"航天精神铸人，学科思想育人，自然生态立人"的育人体系。直指"志向高远、素质全面、基础扎实、勇于创新"的育人目标，让每个人都发光。全体教师积极学习政策文件，拆解课标，聚焦素养，勇于开拓，深耕课堂，学研共进，打造教研组品牌特色、赋能发展，改变重塑，梳理提炼了珍贵的学科经验。通过宏观的顶层架构，中观的育人路径，微观的实践落地，助力学生全面而有个性地发展。本书体现如下特点：

1. 构建课程体系，开辟育人路径

学校立足区域盘活资源，构建"航天精神助人，学科思想育人，自然生态立人"的独特育人体系，构建"航空航天科技教育和自然生态生命教育"系列课程群，植入红色基因，厚植家国情怀，实现立德树人，形成小初高课程一体化，打通创新人才成长的绿色通道。

2. 聚焦教学改革，深化教学实践

课程改革的创新实践，教与学方式的改变，特色品牌的鲜明树立，每一篇教研文章的呈现均是学校教育文化的建设亮点，它秉承课改精神，坚持为学生的学习质量负责，为学生的终身发展奠基。

3.坚持五育并举，实现贯通融合

改革创新育人模式真正实现减负提质增效，最终的落脚点是常态课堂。在"双减""四新"的背景下，学校的课堂教学一直坚持从关注学科知识转向关注学科育人，从在意分数到在意人。积极实践学科内的整合与学科间的融合，并实现学段贯通。在五育融合理念下进行结构化设计，从而培养学生的高阶思维，全面提升学生解决问题的能力，有效促进学生核心素养的发展。

本书是智慧的结晶、心血的凝结，记载了奋斗与追求、辛劳与汗水、希冀与展望。让学校管理者和一线教育者"研"起来，让学生们"灵"起来，让课堂"活"起来，让学习"乐"起来。愿《改变重塑，一起前行——基于核心素养的教学研究与实践》引领师生不断前行。

马熙玲

2024 年 9 月 21 日

目录

第一章 课程立校，系统建构

一、以一体化科技课程建设
推进小初高贯通育人的实践探索

马熙玲

基础教育面向未来，学校以党的二十大精神为引领，坚持把"立德树人"贯穿于教育的全过程，实现为党育人，为国育才，对"培养什么人、怎样培养人、为谁培养人"三大根本问题在日常教育教学和科技教育方面做出回应予以落实。作为一所十二年一贯制的小初高学校，学校坚持"立德树人"的根本任务，在"幸福教育"办学理念的指引下，以培养科技创新人才为目标，结合学校实际和局域资源优势，设计开发了以航天科技课程为核心的小初高一体化科技教育课程体系，让学校人才培养与国家重大战略高度契合，搭建创新人才培养平台，打通创新人才成长的通道，形成科技课程一体化贯通育人课程体系，带动学校高质量发展。

（一）案例背景

1. 国家背景：面向未来培养科技创新人才，是国家战略发展的需要，是教育高质量发展、高中特色化、多样化发展的需要。

面对百年未有之大变局以及全球经济带来的新挑战，培养国家急需的创新人才已成为教育工作的重中之重。党的二十大报告将教育、科技、人才一体安排部署，赋予教育新的战略地位和历史使命。国家"十四五"规划也提出，要强化国家战略科技力量，全方位培养、引进、用好人才，造就更多国际一流的科技领军人才，培养具有国际竞争力的青年科技人才后备军。国际竞争说到底是人才的竞争，面对当下关键核心技术"卡脖子"的困境，实现科技自立自强，打好关键核心技术攻坚战，需要有一批专业技术过硬、富有进取精神以及具有爱国精神和战略视野的科技领军人才。

2. 区域环境：立足区域、盘活资源，将资源优势转化为课程优势，构建小初高科技教育贯通式培养课程。

学校坐落于县域航天城，中国科学院在县域建设了高尖端电磁实验室，学校所在县域是全国唯一拥有运载火箭完整产业链的县域城市，中国卫星导航、航天振邦等大型军工企业也坐落于此。同时还拥有一批科技产业人员可以加入学校团队。基于以上因素，学校已经具备了通过建构科技课程体系，形成小初高科技课程一体化推进航天贯通育人，培养创新人才的条件；也以此推动了学校教育高质量发展、多样化特色化发展。

3.学校科技课程建设的基础：学校已经在小、初建构了一些科技课程群，也建立了一些航天航空科技教育的实验实践基地。通过内联外通整合人力资源，初步形成了教师课程开发团队。

（二）确立主题

基于对国家战略大背景的深入剖析，用学校小切口撬动大改革。学校在定位办学特色时，充分体现出整体性、创新性的综合思维，与国家教育改革同频共振，与广大师生同心共鸣。通过战略层面的价值引领、战术层面做顶层设计、实践层面的整体探索推进，以三个层面为基础搭建整体框架，建构课程体系，最终实现高站位、稳落地的效果。学校以此制定规划、设定目标，对学校的科技课程体系建构及贯通式人才培养进行总体设计、布局和调整，优化教育教学资源配置。最终将工作定位在"构建航空航天科技一体化课程体系，打通小初高贯通人才培养通道"。

（三）案例

面对制约学校一体化贯通式培养创新人才的瓶颈，学校制定了科技教育三年发展规划，进行课程建设顶层设计，确立创新发展实践探索的四条路径，破局新生。如图1、图2所示。

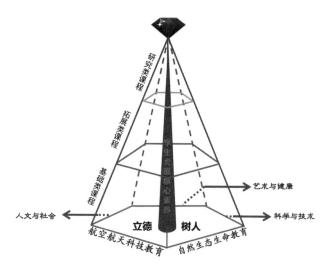

图1 顶层设计钻石课程模型

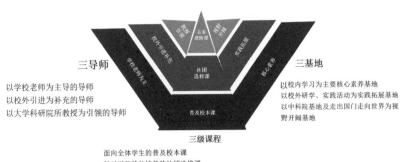

图 2 科技教育课程体系

路径一：植入航天科技红色基因，营造科技课程育人环境

学校将航天科技元素融入校园建设，打造红色航天科技教育育人环境。漫步校园中，仿佛置身于一场大型航天科技展，航天英雄的故事、航天人的爱国情怀、航天发展史、月球车模型、北斗卫星绕地模型、多媒体智能航天知识等科技元素融入了校园的每一个角落，置身于此，久而久之学生们内心的科技梦就能生根发芽。学校教师以航空航天课程为载体，以科技长廊、探月教室为场所，通过精神的洗礼，红色经典故事的诵读，激发学生强烈的探索欲和满腔的爱国热情，为学生们筑起"强国有我"的航天梦，从而实现"立德树人"的根本任务。

路径二：构建航天科技课程体系，打通贯通人才成长通道

学校依托中国科学院科学家团队、县域航天城高新科技企业，将这些资源优势转化为课程优势，与国家政策对标进行顶层设计。学校以"幸福教育"为办学理念，以"着眼于未来，着力于素质，落点于幸福"为办学思想，把办学目标定为"办一所具有鲜明科技特色的现代化名校"。学校秉承"特别能吃苦、特别能战斗、特别能攻关、特别能奉献"的载人航天精神，为学校打上独有的"立德树人"底色，把培养"志向高远、素质全面、基础扎实、勇于创新的时代新人"作为学校的育人目标。

学校制定科技教育三年规划：构建航天科技课程体系，建设三导师（以学校老师为主导的导师，以校外引进为补充的导师，以大学科研院所教授为引领的导师）、三基地（以校内学习为主要核心素养基地，以校外研学、实践活动为实践拓展基地，以中科院基地及走出国门走向世界为视野开阔基地）以及三级课程（面向全体学生的普及校本课，针对兴趣特长培养的社团选修课，针对学有所长天赋潜能发展的竞赛进阶课）等教育名片，形成"航天精神铸人，学科思想育人，自然生态立人"的育人体系。研发"航空航天科技教育"系列课程群，开辟科技教育的育人路径。努力探索学科融合，学段进阶，通过科技体验课程进行科技教育，实现"立德树人"。以航天科技教育课程研究及实践活动为研究路径，为不同潜质的学生提供课程套餐，搭建成长赛道，形成小初高一体化课程育人体系，打通人才培养通道。在完成国家必修课程要求的基础上，学校针对创新人才培养的特点，在课程设计上进行大胆的改革尝试，对航天科技与现有课程进行整合优化，形成以实验类、实践类为主的航天科技课程群，有效落实指向核心素养的深度学习。

小学、初中、高中一体化的以实验类、实践类为主要教学形式的探月探火航天系列课程群。小学开设"嫦娥探月课程群"，初中开设"天问探火课程群"，高中开设"高阶火星课程群"，形成小初高航天科技一体化贯通人才培养的育人路径。如图3、图4所示。

图 3 科技课程一体化打通小初高贯通人才培养通道

在小学阶段开设"嫦娥探月"课程，接受月球科学教育有助于形成正确的宇宙观、世界观、人生观，提升小学生的综合素质，加深学生对航天热点、航天科技的理解，激发学生对航空航天事业的热爱，培养学生的好奇心与探索欲，增强民族自豪感。

初中开设"天问探火"课程，强调 STEAM 教育，提出系统的 STEAM（指由科学、技术、工程、艺术、数学等学科共同构成的跨学科课程教育）模式下的学科融合，利用 PBL（问题驱动教学法）项目驱动，跨学科融合，进行《太空育种》《火星上的生命探索》等课题研究。在初中阶段，对已学习"嫦娥探月"课程基础的学生，构建更加完善的航空知识体系，让学生从科学的角度深入了解我国探火工程，探索航天技术奥秘，感悟生命力量，并从科学、技术、数学、工程与艺术五个方面跨学科融合，综合提升创新能力和合作能力。

高中阶段的"高阶火星"课程则是在"天问探火"课程理论知识基础之上的进展课程，进一步提升学生对于航空航天的知识体系，围绕学科核心概念进行跨学科整合设计，根据学生的认知水平呈现逐渐深入、螺旋上升的框架结构。开展"火星车设计与制作、探测器模型设计与制作、火箭模型设计与组装、火星生态基地设计"等主题实践活动，项目驱动，实践创新。体现项目教学的高阶性、挑战性和创新性。

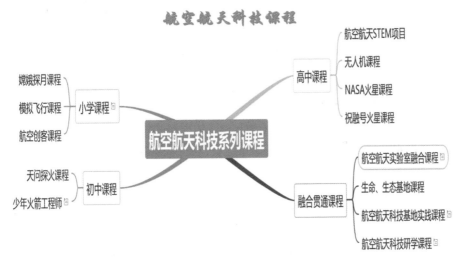

图 4 航空航天科技课程群

小初高一体化航天课程群可帮助学生搭建知识框架，形成自主学习的能力。探月探火等的空间科学技术融入了多学科要素，如物理、化学、生物、数学等知识，使整个课程更加具有完整性和连贯性，可与各个年龄段的课程衔接。学生在所学内容与实际表现之间建立联系，可以更好地理解和应用知识。同时，在航天课程中引入科研性、探究性、实践性的活动，唤起学生的学习兴趣和动力，提高他们的探索精神和创新能力。

该系列课程是由中国航天科研院所与学校共同开发的国内首个月球、火星探测航天科技教育贯通式培养课程。提出系统的 STEAM 教育解决方案，鼓励学生在现实和模拟的环境中参与体验中国航天科技专业的科学研究和工程技术活动，是一种真实的、实践的、探究式的课程。高中设有航天航空科技班，在开足国家课程的同时，开展以航天航空科技为载体的系列拓展选修课程、科技实践课程和研学课程。不仅强调对知识技能、探究意识和科学精神的培养，同时也重视对学生科技、人文艺术素养的培养与熏陶。通过系列课程学习和项目实践活动的开展，进行学科融合，为培养学生的创新能力与实践能力提供多元的知识支撑，在区域内的科技特色教育上起到示范引领的作用。在专家的引领下构建贯通式的教育体系，实现小初高知识衔接。培养高阶思维，让学生深度参与项目活动，培养创新思维，提升解决问题的能力。

小学、初中和高中的学生们通过参与探月探火等航天课程，可以培养综合素质和实践能力。学生在课堂上拓宽视野，在参加项目中完成任务并体验成功与共同进步的喜悦，在团队活动中提高组织能力和协作精神。这有利于全面促进智育美等方面的发展。小初高科技课程设计逻辑，整体上遵循"是什么，为什么，怎么办"的认知逻辑和"生活与知识，理论与实践"相统一的学科逻辑开展。

路径三：组建科技教育教师团队，培养科技创新人才

内部挖潜，外部引资，针对科技教师短缺问题，学校积极盘活县域科技人力资源，引入中国科学院专家资源，建构科技教师学研共同体。学校加强教师专业培训、组织教师研讨交流，聘请专家点评指导，建立系列激励机制，开展定期考核评价，打造满足并支撑科技课程开发和创新人才培养的师资队伍。成立了由理化生、科学教师为核心人员的科技课程项目团队——探月探火团队、航空创客团队、人工智能团队、航空雏鹰助飞团队等；中科院、农业大学等科研院所的专家指导团队——中科院科学家团队、中科院博士团队、中国农业大学研究生团队、新机场航空航天专家团队等，以及学校课程开发领导小组与课程开发工作小组。并按照时间科学规划，学研共进，稳步实施，激发教师专业发展内驱力，面向未来培养科技创新人才，助力学生全面而有个性地发展。

路径四：搭建科技实验实践基地，实现深度沉浸体验

学校地处京津冀交会地带，紧邻北京、天津、雄安新区，周边具有新机场航空航天科技资源，中国科学院科学家团队、中国农业大学、北京师范大学等人力资源，为开展科技特色课程提供必要条件，为实现创新人才培养提供必要保障。构建校内专属的"航空航天空间、生物科技空间、化学探究空间、科技创客空间、科技文化空间、植物昆虫空间",搭建"中国科学院研究所、中国航天科技集团、北京航空航天大学、区域航空航天实验、大兴国际机场、区域昆虫种子、大兴生物医药、兴安湖科学考察"等校外专属的科技实践基地(详见表1、表2)。在科学导师的带领下到中科院研究所及县域航天城实验室中进行深度探索研究。为学生创造学术氛围,为学生创新意识和创新能力的提升提供平台和机会,激发学习兴趣,厚植创新人才培养土壤。为学生的生涯规划做好指导定位,为树立正确的人生观、价值观、世界观奠定坚实基础。

表1 校内外专属科技实践基地

校内专属	校外专属
航空航天空间	中国科学院研究院所
生物科技空间	北京航空航天大学
化学探究空间	中国航天科技集团
科技创客空间	区域航空航天试验基地
科技长廊	大兴国际机场
生物昆虫基地	区域植物种子昆虫基地
	大兴生物医药基地
	兴安湖科考基地

表2 校内外专属科技实践基地课程

领域	资源单位	实践形式	涉及学科	现有成果
航天	中科院	专家报告、动手实验	航空、航天	参观体验学习报告
水处理	县域规划馆	项目研究	航空、生物	参观学习报告
	兴安湖	参观、考察	化学、化工	参观学习报告
航空航天	中国航天科技集团	专家报告、实验操作	航空航天材料、科技原理	参观 科研项目
	区域航天城	沉浸式体验	电磁原理	参观体验
植物种子昆虫	校园植物昆虫基地	体验、观察仿真实验	生物、化学、信息	绘画作品
	区域植物种子昆虫基地	参观、实践、科研	生物、化学、水环境、信息	参观、体验、研究报告

续表

领域	资源单位	实践形式	涉及学科	现有成果
科技实践	北京科技教育中心	专家报告	科技领域	多次报告
	科学教室	实践项目课程化	生物、动物、化学、化工	培训、课程、课题、研讨
	中科院研究所	制作果醋、制香皂、提炼精油、拓展实验		学生社团活动项目
	北航	专家报告	科技、教育	多次报告
科技交流	北航	动手实践	科技	"松木赛车"作品
	中国农业大学	科学家、学生互动	生物、化学	种子基地培养创新人才

（四）实施效果

通过近三年的实践探索，学校的航天科技教育在学生、教师和学校层面都取得了丰硕成果，出现了一批小小科学家，他们作为志愿者，向本校学生、社区幼儿园儿童和中小学学生开设科普讲座，参加各级各类科技大赛并获奖，学习科学的热情空前高涨。在课程建构的过程中，实现了赋能教师成长，一批教师的文章在各级各类杂志上发表并获奖。科研课题实现了从县级到省级的三级突破，学校也和中科院科学家共同编写了《出发去火星》，并入选"全国百本优秀科普书籍"。

1. 学生取得的成绩

成立少年科学院、学生科技讲坛，参加全国、省、市级科技大赛并获奖，向社区辐射，引领各种科技活动。详见表3。

表3 学生科技获奖情况

级别	奖项	获奖人数
国家	"海鲈鱼"国际智能水下机器人挑战赛中国赛区（北京）	5
	火箭LOGO绘制入选	1
	北京市学生科技节中小学生环境教育系列活动创意类	12

续表

级别	奖项	获奖人数
省级	青少年科技节创新作品奖	18
	蓝桥杯大赛青少年组—创意编程组	8
市级	中小学"科技冬奥"活动中获得优秀作品奖	22
	廊坊市第二届青少年科技节创新作品奖	3
县级	小学生科学幻想画比赛	96

2. 教师取得的成绩

获批省市级科技科研课题,获批省级少年科学院项目,参加各类大赛获奖情况。详见表4。

表4 教师科技获奖情况

级别	成绩
国家	海鲈鱼国际智能水下机器人挑战赛I级(舵手级)指导教师资格证
	课题《环保材料在小学美术教学中的运用研究》完成研究任务,获全国教育创新科学研究科研成果一等奖
省级	获批河北省"少年科学院创新人才培养项目"建设课题
县级	科学幻想画比赛中获优秀指导教师奖

3. 学校取得的成绩

学校面向全国开展科技联盟活动,获得省、市级荣誉,面向乡村学校输送科技课程带动乡村教育振兴等活动。详见表5。

表5 学校科技获奖情况

级别	奖项
国家	青少年科学实践与科研能力培养基地
	STEM教育示范校
	中国科普联盟科普基地
	全国少年电子技师认定单位
省级	"科技点亮健康生活"科技活动获第三十届河北省青少年科技创新大赛一等奖
县级	2020年全县小学生科学幻想画比赛中获优秀组织奖

（五）评析优化

学校突破制约创新人才培养的瓶颈，找到了新的创新人才培养路径，将原来的设想变成现实。学校从实际出发，充分利用和挖掘科技教育资源，通过一定模式的联动开发，将校内外科技资源整合起来，形成航天科技课程群，让科技教育体系落地生根。在科技课程教学实践过程中，一直坚持教、学、评一体化。教学设计将教学目标、学习活动、评价任务一以贯之，利用评价任务驱动，全过程监测学生是否达到预期目标。在课程的推进中形成了整体性评价、过程性评价、表现性评价、结果性评价，确保目标达成。采用多角度评价方案，包括学生知识储备、活动态度、动手能力、小组合作等；设立科技实践项目评估，支持并奖励表现突出的学生和教师；定期研讨，及时对科技实践课程以及活动的目标、内容、教学方式、组织等进行反馈交流，提高科技实践教育的实效性。详见表6。

教育一体化培养是当前我国教育发展的重要趋势，将不同阶段的学习资源整合、重组和分享，构建一个全新的教育生态系统。而学校构建的一体化航天科技课程群能够为培养未来的科学家和工程师激发兴趣、打好基础，探索新材料、新技术、新方法。贯通小学、初中和高中一体化的探月探火航天系列课程群对提高学生的知识水平，推动素质教育，以及促进国家教育战略、国际认知等具有重要作用，是一种积极的教育创新尝试。

学校将在航天科技教育的实践中进一步做到"打通、融通、贯通"。其中打通是关键，要打通学段边界与教师壁垒；融通是核心，要用党建来引领，落实"为党育人、为国育才"的使命；贯通是手段，要突破学生成长的边界。要立足于全过程育人，要让学生主动参与，探究生成，让学习真实发生，让生长随时可见。要建立全方位的质量监控评价体系，加强对监督反馈信息的管理，并充分发挥教学反馈信息在改进和提高教学质量方面的积极作用，同时注意各种激励手段的综合运用。进一步解放思想、更新观念，继续优化和深入开发科技实践教育资源，为科技课程一体化贯通人才培养模式建设做出新的探索与贡献。

表6 评价单

我评价 我成长 我快乐				
组别		月球车名称		成员
评价内容	评价结果			备注
	新手级	能手级	高手级	
课前准备情况				1. 工具、材料准备齐全 2. 图纸设计、月球车模型认真完成
课堂表现情况				1. 积极回答问题 2. 参与小组活动 3. 互相尊重倾听，团队协作 4. 有创意 5. 记录及时
作品完成程度及分工				1. 分工完成创作 2. 作品制作共同参与 3. 提出合理的动力方案 4. 实践运行良好
综合评价				依据课堂整体表现进行综合品评

注：1. 评价结果分为"新手级""能手级""高手级"三个进阶式评价，均为激励学生提高综合素质，让孩子的效能感得到提升。
2. 评价方式：直接在相对应的"评价结果"下方打"√"即可。

你对其他小组的评价（选择你们印象较深的，写出其中一点或者几点均可）

优点：

不足：

建议：

二、基于"五育融合"的幸福课程实践探索

马熙玲 李婕

2019年2月，中共中央、国务院印发《中国教育现代化2035》，要求"更加注重全面发展，大力发展素质教育，促进德育、智育、体育和劳动教育的有机融合"。中共中央、国务院《关于全面加强新时代大中小学劳动教育的意见》、教育部《大中小学劳动教育指导纲要（试行）》、中央办公厅国务院办公厅《关于全面加强和改进新时代学校体育工作的意见》和《关于全面加强和改进新时代学校美育工作的意见》等，均表明我国已经总体上构建起德智体美劳全面发展培养体系和育人格局。党的二十大报告也基于高质量教育体系建设提出了总体要求，因此，"五育融合"已成为新时代推进基础教育教学改革的重要趋势。学校将"五育"与"顶层设计、特色课程、跨学科教学"充分融合，使立德树人的根本任务落地生根，助力学生全面而有个性的发展。

（一）基于顶层设计的融合

所谓"五育"，即德智体美劳及其各自学科内容所体现的"善""真""健""美"和"实"的学科素养；所谓"融合"，在《现代汉语词典》中被定义为"几种不同的事物合成一体"。既然能"合成一体"，意指这几种不同的事物之间必然存在某些内隐的相关性，且能够自然地聚集在一起并生成新的事物。

学校实施五育融合的整体构建，实现价值引领，有效落地。聚焦党建，全面贯彻党的教育方针，培养德智体美劳全面发展的社会主义建设者和接班人。围绕"幸福教育"的办学理念和"着眼于未来，着力于素质，落点于幸福"的办学思想，亮出办学愿景——致力于办成一所中西兼备、科技与人文并重，具有国际视野、家国情怀，带有鲜明科技特色的现代化名校，成就师生有意义有价值的幸福人生。构建了五育融合的幸福课程，形成了"航天精神铸人，学科思想育人，自然生态立人"的育人体系。直指"志向高远、素质全面、基础扎实、勇于创新"的育人目标，让每个人都发光。通过宏观的顶层架构，中观的育人路径，微观的实践落地，实现"立德树人"的根本任务和"为党育人，为国育才"的神圣使命，助力学生全面而有个性的发展。

（二）基于特色课程的融合

习近平总书记在党的二十大报告中强调："教育、科技、人才是全面建设社会主义现代化国家的基础性、战略性支撑。"[①] 将教育、科技、人才一体安排部署，赋予教育新的战略地位、历史使命和发展格局。为此，学校承担着面向未来培养创新人才的使命与责任，立足区域，盘活资源，发挥固安兴安湖自然生态湿地、大兴机场临空经济区、固安航天城等地域资源优势，依托中科院、北师大、农业大学等人力资源优势，将这些资源优势转化为课程优势。实现课程是一条跑道，直通育人的目标，彰显学校特色，领航地区科技教育。

学校充分发挥党建融合模式，以学校五年规划、科技教育三年规划为引领，构建课程体系，彰显科技特色，建设"三导师""三基地""三级课程"等教育名片，研发了"航空航天科技教育和自然生态生命教育"系列课程群。开展"科学家进校园"系列课程，与诸多航空航天专家联合出版发行《出发去火星》跨学科实践手册，联合多位航天科普专家和教育专家开发航天科技素质教育核心课程——"大火箭课程"，激活思维，实践探索，进行集美学、天文地理，甚至太空音乐、太空育种的活动设计，实现多学科融合。学科教师联合教研，穿越德智体美劳学科边界，为实现创新人才贯通式培养搭建赛道。

月球探测是一门综合性学科，既有数学、物理、化学等理科知识，也包含古今中外丰富的人文情怀。在小学阶段开设"嫦娥探月"课程，接受月球科学教育有助于形成正确的宇宙观、世界观、人生观，提升小学生的综合素质，加深学生对航天热点、航天科技的理解，激发学生对航空航天事业的热爱，培养学生的好奇心与探索欲，增强民族自豪感。初中开设的"天问探火"课程则强调 STEAM 模式下的学科融合，利用 PBL 项目驱动，跨学科融合，进行"太空育种""火星上的生命探索"等课题研究。有了"嫦娥探月"课程基础的学生将在初中进一步完善航空知识体系，从而打通部门壁垒，建立起人才培养的绿色通道，实现贯通式创新人才培养。通过课程实施，让学生从科学的角度深入了解我国探火工程，探索航天技术奥秘，感悟生命力量，并将科学、技术、数学、工程与艺术五个学科融合，综合提升创新能力和合作能力。

学校"少年科学院"以学生为主体，以生物实验室、科学实验室为活动基

---

① 习近平.高举中国特色社会主义伟大旗帜，为全面建设社会主义现代化国家而团结奋斗——在中国共产党第二十次全国代表大会上的报告.先锋，2022（10）：12-38.

地，发挥生命科学综合性强的学科特征，积极开展多学科融合实践探究活动；利用学校种植园开展劳动教育课程，让学生感受农耕的乐趣，参与农耕全过程，形成劳动观念，获得劳动技能，培养劳动精神；开展多学科融合的远足、校园植物挂牌等活动，带领学生远足跋涉认识动植物、绘制动植物观察日记、制作植物中英文介绍挂牌，让学生亲近大自然，强健体魄，而且在活动中融入爱护动植物、保护大自然的思想教育，培养学生对于美的鉴赏能力，提升学生认识美、理解美、欣赏美在能力；开设无土栽培、食品发酵技术的应用以及蘑菇养殖等特色课程，在提高学生科学素养的同时，也对学生进行劳动教育和思想教育，教导学生珍惜粮食，热爱生活；除此之外，"少年科学院"还开设科学家进校园、实验技能大赛等主题活动，开阔学生视野，对课内知识进行很好的补充和延伸，培养学生的创新精神和实践能力，让同学们更全面地接触科学、了解科学，激发学生的科学热情，从而使他们主动探究身边的科学问题，五育融合实现学生核心素养的提升，让同学们在自然生态生命教育课程的浸润中快乐成长。

（三）基于跨学科教学的融合

课堂是学校教育的主要阵地，课堂教学的融合设计与实施是推进五育融合高效实现的关键。在"双减""四新"的背景下，学校的学科教学一直坚持从关注学科知识转向学科育人，积极实践学科内的整合与学科间的融合，在五育融合理念下进行结构化设计，从而培养学生的高阶思维，全面提升学生解决问题的能力，有效促进学生核心素养的发展。

航模课程活动对青少年的多元发展，特别是对个体的科技品质和创新能力的培养上，具有积极的促进作用。目前，航模课程已是学校实施科技教育的重要载体。航模课程涉及研究探索、原理掌握、模型设计与制作、操纵飞行等。而这一实践过程需要与科技、体育、化学、数学、地理、生物、德育等跨学科融合。这无疑是对学科知识的有效运用与有益补充，同时学生的高阶思维和创新能力也得到了培养提升。

学校开设《古法造纸》的拓展类课程，以跨学科融合理念为指导，对五育融合实践路径进行有效探索。通过古法造纸传统方法构思创作出新艺术作品，弘扬中华优秀传统文化，树立文化自信，成为非遗文化的小小传承人。课程中设置真实情境下的任务驱动，实现方法渗透和素养提升，坚持以美育人、以美化人、以美润心，引领学生在健康向上的审美实践中感知、体验与理解艺术，逐步提高感受美、欣赏美、表现美、创造美的能力。通过"文本设计、创意实践、合作生成、评价展示、推介售卖"等环节，引导学生积极探索，培养学生的创新意识、合作意识、环保意识、劳动意识。同时在丰富校园文化生活等方面也发挥了积极作用。

学校将不忘"立德树人"的初心，坚守"为党育人，为国育才"的使命，不断向育人本质回归，不断推动育人模式纵深变革，坚持以教育高质量发展为主线，以建设高质量教育体系为重心，不断优化德智体美劳"五育融合"的学校课程体系，着眼学生全面发展，通过多维立体育人机制的全新构建，在教育高质量发展的大背景下完成对教育的重塑和革新。用实际行动和优异成绩落实好党的二十大精神，培养能够堪当民族复兴重任的时代新人，为建设教育强国、奋力实现中华民族伟大复兴的中国梦作出更大贡献。

三、幸福课程搭建学生成长的广阔舞台

——谈"双减"背景下的课后服务

李婕

2021 年 7 月，中共中央办公厅、国务院办公厅印发了《关于进一步减轻义务教育阶段学生作业负担和校外培训负担的意见》。"双减"政策的出台旨在减负提质增效，回归教育的初心和使命——立德树人，尊重学生成长的规律，关注学生生命的质量，促进学生全面而有个性的发展，培养能够担当民族复兴大任的时代新人。为此，学校结合办学思想、育人目标进行整体建构，实现精准发力——在战略层面坚持价值引领，研读政策文件，明确方向；在战术层面实施顶层设计，形成育人体系，打通成长路径；在实践层面不断探索推进，减负提质增效，满足学生的多样化需求。在"盘活资源课程化、健康生活活动化、课后辅导生活化、主题阅读系列化、服务质量可视化"方面做好课后服务。

（一）盘活资源课程化

以生为本整合课程资源，实现育人价值。"课程化"是创造性落实课后服务政策的内在要求，也是提升课后服务质量的必要环节。学校把课后服务作为教育教学的一个重要组成部分，使其成为校内教育教学的有效延伸，使课后服务"成体系、分层次、有特色"。学校立足区域，盘活资源，将资源优势转化为课程优势，形成"航天精神铸人、学科思想育人、自然生态立人"的育人体系，实现课程是一条跑道，直通育人目标。课程分为"基础类、拓展类、研究类"三个层级，为学生成长提供丰富的课程套餐，学生自主选择，满足不同潜质学生的发展需要。"基础类"课程，面向全体，培养学生的科学素养；"拓展类"课程，面向学有兴趣的学生，提升学生的科学素养；"研究类"课程，面向学有特长的学生，激发和培养学生的科研能力，并实现小初高贯通式创新人才培养。

"航空航天科技教育和自然生态生命教育"系列课程群，是学校课后服务的课程特色。其中"少年科学院"，以学生为主体，以学校生物实验室、科学实验室为活动基地，发挥生命科学综合性强的学科特征，积极开展多学科融合实践探究。如水培、生物模型制作、食品发酵技术的应用、蘑菇养殖、动植物细胞研究、组织培养技术、实验技能大赛等主题课程活动。不仅开阔了学生的视野，对课内知识进行了补充和延伸，也培养了学生的创新精神和实践能力。

（二）健康生活活动化

五育并举创设活动情境，培养幸福能力。学校组织丰富多彩的课后服务活动，让学生发现幸福、体验幸福，为学生的幸福人生奠定坚实的基础。正所谓"教书育人在细微处，学生成长在活动中"。依托校级心理名师工作室，通过沙盘游戏、心理剧、减压操、心理涂鸦等心理艺术表达方式健康身心。"注意力训练营""学习力自助技能训练""校园灯塔朋辈互助计划""人际适应训练团体辅导"等系列心理课程，培养学生科学用脑的习惯，为学生搭建起信任的、温暖的、支持的朋辈交流平台，助力学生身心健康发展，使学生具备创造幸福生活的能力。课后服务时段的运动场上随处可见学生们的身影，开设多项球类运动，不仅保证了学生们的运动时间，同时也满足学生的运动需求，掌握运动技能，锻造强健体魄。学校在疫情期间依然坚持课后服务，立足云端，让学生足不出户，利用豆子、大米、小石子等作为创作素材，制作了独特的花瓶装饰房间，静心品味生活之美。学校充分挖掘空间资源和人力资源，依托学校餐厅并聘请厨师开展"以劳育德，以劳创美"系列劳动课程。学生体验打月饼、制作精美的糕点、分组分工包饺子、亲自择菜等，既品尝到了劳动创造的甜美，又增强了自理自立的意识，体会到劳动的不易与快乐。

（三）课业辅导生活化

课后作业走进日常生活，体验应用价值。基于学科核心素养导向下的作业设计，注重基础性、探究性、开放性、趣味性，保障学生学有所得，练有所获。强调学习情境的创设，强调探究生成、亲身体验，实现学科的育人功能。在一年级学习使用人民币时，设计了数学实践作业"小小采购员"，让学生走进超市或模拟超市购物，感受商品的价格，选择购买所需物品，进行人民币的换算与计算。真正实现了小实践，大成长，生活处处皆课堂。学习了图形知识后，学生们把平移、旋转、轴对称相关知识进行迁移，发挥想象力，动手设计出美丽的图案，使学生充分感受到"数学即生活"。数学并不枯燥，数学离我不遥远，数学就在我身边，数学在生活中的应用价值也得到充分体现。语文学科实践作业"生活中的诗与远方"，学生利用生活中随处可见的物品，瓷碟、蔬菜、水果等为素材，作诗填词，轻叩诗歌大门，在诗韵中陶冶情操，抒发对生活的热爱。英语学科引导学生关注身边的小动物，对如何喂养小动物，如何帮助流浪狗等问题进行充分讨论，之后小组合作绘制海报，输出所思所想。从内容到形式创意设计，尝试解决生活中的实际问题，这种开放性、实践性、综合性突出的课后作业深受学生喜欢。以小切口撬动大改革，将作业置于真实的生活场景中，使学生在实践中完成知识的建构与运用，实现思维能力的进阶与提升，具备解决问题的能力。

（四）主题阅读系列化

校内教育教学有效延伸，提升阅读素养。学校致力于将主题阅读系列化，开展科幻类、学科类、红色经典等主题阅读活动。根据学生的年龄特点推荐书目，激发阅读兴趣，给予阅读指导，培养阅读习惯，形成阅读素养。从《中国小学生基础阅读书目》中选择科学家的故事、动植物、科学实验、科学技术发明等科普类书籍供学生阅读，学生与伟大的科学家"交朋友"，以此激发兴趣，拓宽视野，培养科学精神。阅读国内外数学家的故事，了解他们为社会发展作出的贡献，让学生学有榜样、行有方向、做有标杆。举办红色经典阅读活动，语文和美术教师跨学科共同设计，学生既对英雄事迹有所了解，又将敬爱之情凝聚笔端，绘制出英雄画像和故事绘本，达到传承红色基因，弘扬红色文化，厚植爱国主义情怀的目的。

（五）服务质量可视化

建立质量动态监测机制，助力学生成长。在课后服务实施中，注重多元评价，过程性评价和表现性评价，为学生健康成长提供精准依据，全面科学地衡量学生的发展。借助大数据的支持，进行选课满意度和课程授课满意度问卷调查。调查显示学生及家长对科技、生物类课程的需求占比50%以上。选课期间，"生物妙妙屋"创下网上选课最快纪录，10秒完成抢课，1分钟内报满；对开展的科技、生物类课程满意度在95%左右。通过这些数据的收集与分析，有利于从学生需求出发进行课程的研发，有利于教师进一步调整改进教学策略，从而使课后服务的质量得到保障，学生受益成长。二年级阅读课程的调查显示，有约73%的学生每日阅读时间能保证至少半个小时，保守估算每天的阅读量约2000字，一年的阅读总量能达约60万字，是课标要求总量的12倍！同时也会记录学生在听故事、讲故事、画故事等过程的表现，以此了解学生的学习态度和个性特点，持续关注学生核心素养的发展水平。课后服务的评价，实现了由静态评价向动态评价的转变，由结果评价向过程性评价转变，由单一评价向多元评价转变，助力学生健康成长。

未来，学校将继续通过"幸福课程"为学生搭建成长的广阔舞台，积极探索"双减"落地的有效路径，以高质量的课后服务彰显学校独特的育人功能。实现减负提质增效，满足不同潜质学生的个性化需求，助力学生全面发展、幸福成长。

第二章 把握新方向，解读新课标

一、减负增效，点亮幸福

王忠

随着校外培训机构的不断增加，几乎每个孩子在周末和节假日都会去培训机构补课，严重影响了孩子们的健康成长。为根治这种不良的教育生态，2021年7月24日，中共中央办公厅、国务院办公厅印发了《关于进一步减轻义务教育阶段学生作业负担和校外培训负担的意见》（以下简称《意见》）。《意见》的颁布犹如一盏明灯，给当下的教育指明了方向；犹如一剂猛药，直击当下教育的痛处，为根治教育存在的顽症痼疾提供了一剂良药。作为学校，应当按照这剂良方寻药治病，纠正错误的教育观念和行为，重构学校工作生态。

"双减"的目的是通过加强学校教育，提高学校课堂教学质量，优化作业布置，提升课后服务质量，减轻学生的课余负担，达到提升学生综合素养，构建教育良好生态，减轻家长精神负担和家庭经济负担的目的，让学科教育重新回归学校主阵地。本着这一目的，我校在工作中认真思考，积极探索，具体做法如下。

（一）减掉思想顾虑

针对教师、家长、学生中存在的对落实"双减"的意义理解不深，认识不全，思想顾虑过重等问题，学校首先召开了全体教师大会。会上，马熙玲校长带领全体教师认真学习《意见》精神，讲清"双减"的内容，讲透"双减"的意义，讲明"双减"后的学校策略。马校长强调，"双减"的关键在教师，教师观念需转变，教师的观念不转变，传统的教学方式和题海战术就不会转变。马校长用《鹰的重生》故事激励大家要勇于改革，只有改革，才会拥有旺盛的生命力，才会高质量发展。为真正使"双减"落地，学校首先是与每位科任教师签订了《关于减轻义务教育阶段学生作业负担的责任书》，要求所有教师知情、明责、落实。其次是召开家长会，从未来社会需要怎样的人、青少年成长的规律、学校如何提升教学质量等向家长讲清"双减"的意义，唤醒了家长的理性认识，使家长在思想认识上与学校保持一致。最后是召开学生大会。要让学生明白，"双减"并不是要看淡学习，而是要更科学地学习、更丰富地生活、更全面地发展、更高质量地成长，使学生理解"双减"的真正意义，消除学生对"双减"的片面认识。

（二）减轻作业负担

《意见》明确要求："学校要确保小学一、二年级不布置家庭书面作业，可在校内适当安排巩固练习；小学三至六年级书面作业平均完成时间不超过60分钟，初中书面作业平均完成时间不超过90分钟"。为切实落实《意见》要求，学校对作业管理进行了积极地探索：一是健全作业管理机制，完善作业管理办法。加强学科组、年级组作业统筹，合理调控作业结构，确保难度不超国家标准；二是建立了作业校内公示制度，每天把作业在教室内进行公示；三是提高作业设计质量。发挥诊断、巩固、学情分析等功能，将作业纳入教研体系，设计符合学生年龄特点、学习规律以及体现素质教育导向的基础性作业；四是积极探索优化作业设计，针对学生的特点，推出一些弹性和个性化作业，并对作业进行分层布置，以供不同层次的学生进行选做，满足不同学生的需求；五是积极探索与生活贴近的作业，如"生活中的化学""生活中的物理"等作业，培养学生观察及创新的能力，激发学生对学习的兴趣；六是认真批改反馈作业，做到题精选、量适中、全批改、反馈快；七是坚决杜绝给家长布置作业或让家长代批、代改作业的现象；八是严格落实"一课一辅"制度，教师不得要求或变相要求学生购买教辅资料，不得使用套题、套卷，提倡教师根据学情自编作业。

（三）减轻考试负担

在减轻学生作业负担的同时，下大气力减掉频繁的考试。考试是增加学生心理负担的主要原因，过多的考试不仅带给学生负担，也打乱了正常的教学秩序。"双减"后，学校改进考试方法，取消了周测、月考等，节约出时间让学生进行更多的阅读、综合实践等活动，为学生营造自主愉快的学习环境。

（四）减掉偏颇评价

中共中央、国务院关于《深化新时代教育评价改革总体方案》指出："坚持科学有效地改进结果评价，强化过程评价，探索增值评价，健全综合评价。"长期以来，人们习惯以分数来评价学生，让学生时时处在压力中。为此，学校积极改进评价方式，坚决克服"唯分数"的评价方式，建立多元的评价系统，鼓励学生多元发展，让每个学生被看见，让每个学生发现自我。学校积极开展"点亮青春，点亮成长，点亮理想"系列主题班会活动，培养学生爱国心、仁爱心、自信心、运动力、学习力、创新力、艺术力、生活力八大素养，每学期评选出在各项活动中表现突出的星级学生，形成对学生发展的多元导向，引导学生健康快乐成长。

（五）增强教师本领

教师是学校发展的根本，一支优秀的教师队伍是一所学校高质量发展的保证。为助力教师成长，学校成立了教师发展中心，为教师成长搭建平台。学校把2022年定为教师专业成长年，通过"教育联盟""科技联盟"等活动把教师推向更广阔的舞台，学校还为各学科教师配备了专家进行帮扶指导，引领教师成长，通过以上措施增强了教师的本领，保证了学校持续性、高质量发展。

（六）增强课堂实效

课堂是教学的主阵地，没有高效的课堂，就不会有高质量的教学。《意见》第17条明确规定："提升课堂教学质量。教育部门要指导学校健全教学管理规程，优化教学方式，强化教学管理，提升学生在校学习效率。"我校聚焦教学改革，深耕教学研究，在教研管理上，积极打造教研组品牌建设，不断探索发展的第二曲线，打造学校的金名片；在课堂建设上，坚持学本教学理念，让学生成为课堂的主人，让学习成为课堂的主线，让学法成为课堂的关键，让学力成为课堂的目标，提倡独学、对学、群学、展学等教学形式，体现学生课堂主体地位，提高学生课堂参与度、专注度、生成度，把课堂打造成高效学习的阵地；在学科教学上，学校积极推行"大单元教学""学科融合教学""分层教学"等模式，教研组集体教研，备课组统一备课，群策群力，努力提高教学质量；在课堂评价上，从教材研究准确度、自主学习落实度、流程设计科学度、课堂组织艺术度、生生互动参与度、资源整合黏合度、思维发展生成度、目标达成有效度等八个维度进行评价，形成课堂教学评价导向。

（七）增强课程建设

学校积极围绕"志向高远，素质全面，基础扎实，勇于创新"的育人目标，在严格落实国家课程标准、坚持开齐开足课程的基础上，形成了"幸福教育"校本课程体系。在德育方面，以培养学生高尚情操为目标，开展了"启航，领航，自航"系列主题教育活动，通过分解目标，周课程和月主题活动把德育工作渗透到学生的学习生活中，提高学生的生存能力，生活品位，生命价值；在智育方面，培养学生良好的学习习惯、扎实的学科知识、持续的学习能力，为培养面向未来的人才，学校还开设了"航空航天科技教育"课程、"生态生命教育"课程，邀请科学家为学生上课，与学生互动，培养学生的科学创新思维能力；在体育方面，积极开展"阳光体育"活动，每天坚持"两操一活动"，上午 30 分钟课间操，下午 20 分钟眼保健操和 1 小时课外活动坚持不间断。各项体育活动既锻炼了学生身体，愉悦了学生身心，也培养学生的团队精神、拼搏精神和组织能力；在美育方面，积极培养学生的高雅情趣、审美能力和良好的生活习惯，通过成立"致美合唱团"、话剧社、演讲与主持社，开设礼仪讲座、情绪管理讲座等，培养学生的沟通能力、合作能力、审美能力等核心素养；在劳动方面，每周三下午开展劳动活动，把帮父母做家务定为每周德育作业，通过劳动教育，培养学生尊重劳动者，热爱劳动的优秀品德。通过不断探索课程建设，素质教育在我校已生根发芽，"五育并举"已遍地开花。

（八）增强个别帮扶

针对学习基础较弱的学生，学校本着"不放弃，不抛弃"的理念，关心爱护每个孩子，使每个孩子都能切实体会到学校的温暖、老师的关心。为此，学校实行了"包联制"，每个学生都有自己的包联老师。通过包联，在学习上，老师对学生的学习情况会掌握得更加精准，可以更有针对性地及时对学生进行辅导，帮助学生进步；在生活上，对遇到困难的学生及时给予帮助；在思想上，经常与所包联学生谈心，及时了解他们的心理状况，对学生进行理想教育，帮助学生树立人生目标，端正学生学习态度，实现人生价值。

在落实"双减"的工作中，我们虽然进行了一些探索，但我们深知离工作的要求还存在很大的差距。在今后的工作中，我们将坚持以"习近平新时代中国特色社会主义思想"为指导，全面贯彻党的教育方针，落实"立德树人"根本任务，遵循教育规律和学生身心发展规律，发展素质教育，为培养"有理想，有本领，有担当"的时代新人而努力工作！

二、新课标引发"课堂革命"——不能再做"教书匠"

张植五

期待已久的《义务教育数学课程标准（2022年版）》在2022年4月发布了，尽管只是电子版，我也迫不及待地读了起来。但凡史宁中先生解读新课标的讲座，我悉数皆听，然后再与自己的理解印证，已深刻理解到培养学生核心素养的时代真正到来了。

通过新旧课标的对比，我发现对旧课标理解越深，反而越能接受新课标的变化。新课标是对旧课标的一次升级完善。新课标在知识内容、知识体系上基本未变，在教学顺序上略有调整，新课标相关知识的出现更加符合学生的认知规律。新课标在小学学段的划分上变化明显，旧课标把小学分为两个学段，新课标分为三个学段，新课标学段划分更加符合学生的年龄特征，学习目标更具针对性。新旧课标最显著的变化是对核心素养的明确，更加关注儿童的成长，更加关注学生体验、参与、观察、思考、表达的过程，更加注重应用意识和创新意识的培养。

在教学改革的大背景下，在新课标的指导之下，如何在教学中体现新的教学观，如何落实核心素养呢？接下来以小学数学六年级总复习《图形与几何》为例，把我的浅薄之见分享给大家。

（一）以素养为导向，进行单元备课

教学的目标不仅仅是传递知识、培养技能，教师要探究每个知识和技能背后所对应的素养。教学设计从大处着眼，以单元为视角，以素养为导向，进行整体设计。打通小学阶段图形的特征、图形的测量与计算、图形的运动、图形的位置等知识间的横向与纵向联系，建立内在的逻辑关系（空间意识、几何直观）；追根溯源，发现测量和计算的本质（量感、推理意识、转化思想）；安排实践活动，如设计包装，排水法测不规则物体体积（推理意识、应用意识、创新意识），让核心素养与课程设计一一对应，从素养出发考虑课程安排，再以素养为标准进行教学评价，从素养到课程，再到素养。

（二）站在儿童立场，做到眼中有人

课堂由关注知识转向关注学生。教学组织要充分考虑学生的起点，清楚学生在哪里，明白到哪里去，知道如何到达。在教学的全过程，发动学生，激发兴趣，设计让每个层次的学生都有能够达到的学习目标，每项任务都分层设计，学生有选择任务的权利。课堂上让每个学生都有表达的机会，尽管表达的内容不完美，但都能得到教师的认可、同学的鼓励，都能体验到学习的快乐，建立学习的信心，让学生真正成为学习的主人。

（三）以任务为驱动，化枯燥为兴趣

本单元《图形的认识》以给图形家族建立"族谱"为大任务，通过找齐家族成员（人物集合）、介绍家族成员相貌特征（拟人画像）、寻找成员之间的关系（人物联系）、确认家族成员的功能（人物技能）、绘制图形家族族谱（家族结构）五项活动，具有趣味性。让学生在课前、课中、课后不同任务的引导下，经历感受、体验、探索、发现、推理、验证、归纳、梳理、总结、应用、创作的全过程，构建完整的几何与图形知识体系，提升空间概念、推理意识。

（四）以评价为导向，让每个人都发光

本单元每个任务活动都对应着评价要求。如《图形的认识》预学任务中"找齐图形家族成员"为必做，完成可以得到 2 颗星；写出一或二个家族成员的样貌特征为必做，完成可以得到 3 至 4 颗星；绘出图形家族成员之间的任务关系为选做，完成可以得到 5 颗星，采取学生自评和教师评价双主体模式。课上对学生绘制的"族谱"设计了评一评、议一议环节，学生互评、互议，发现同学的亮点，表扬同学的优点，提出自己的想法、建议或补充，在真诚、善意、安全、互相激励的评价氛围中，完成知识体系的建构和素养的提升。课后设计符合学业质量标准的作业，通过学生的完成情况，可以判断学生是否达到了学业要求，为教师改进教学提供依据，落实新课标要求的教、学、评一体化。

正如钟启泉教授所言："21 世纪是'课堂革命'的世纪，是从'知识传递'到'知识建构'的革命，是从'学历社会'转向'学力社会'的变革。"[①] 教师不再是一名"教书匠"，而是秉持自我变革，为未来培养具有"核心素养"人才的教育践行者。在落实新课标的道路上，我将不忘初心，砥砺前行。

---

① 钟启泉.课堂革命 [M].南京：江苏人民出版社，2017：2.

三、"遇见"新课标，"育见"新未来

宋书秋

2022年4月21日，在"双减"改革的背景支持下，《义务教育课程方案和课程标准（2022年版）》终于颁布，新课标的公布对教师的专业素养、育人能力以及课堂教学改革的能力提出了更加迫切的挑战。

新课标强化了学生的主体地位和学科育人导向，强调了对学生正确的价值观、必备品格和关键能力的培养，所以，一线教师需要及时对标，更新育人理念，探索课堂变革。具体来说，新课标导向下的课堂教学新样态应该是：教学设计要体现对教学资源的多维整合，体现对学生思维进阶的培养，注重对学生自主探究能力的提升，要将学科知识与生活实际进行高度关联，让"深度学习"在学生身上真实发生。因此，优化教学设计，深耕作业设计，探索学科实践，这便是一线教师的首要责任，也是课堂教学改革的重中之重。作为一线教师，我个人认为首先需要从以下两个方面着力。

（一）落实单元整合，优化教学设计。

教材内部：打通单元与单元之间的联系

在人教版七年级(上册)教材中，Unit8的生日语境能和Unit6的目标语言建立联系，同时，Unit6的食物词汇能丰富Unit 8的话题内容，因此，教学设计中融合了两个单元的元素来设计学习活动。

教材内外部：打通同学段、不同版本教材，整合不同教材的资源。

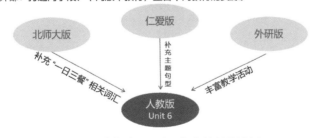

图1 落实单元整合，优化教学设计图

教学设计是课堂教学的关键环节，设计不变，课堂不变；课堂不变，课程难新，这就要求教学实施必须是素养本位的"大单元整体教学"。当然，整合不是目的，而是方法；整合便是"以学生为中心，凸显学生的主体地位"的切实落地。在教学实践中，教师要根据课程标准、实际学情、学生心理特点及学习需要去创造性，多维度地整合，对教材进行"二次创作"；同时，也可以对同学段、多版本教材进行横向整合，多角度汲取同主题的相关材料，进而优化授课内容及教学设计。另外，基于新课标理念的单元整合，不仅仅是对内容和结构的优化，更是撬动教师深入研究教材，探索以问题和项目为导向的带动式学习，促进高阶学习在课堂真实发生。

（二）优化作业设计，提升学生能力

作业是课堂的延伸，我们从来没有像今天这样对教师的作业改革提出如此明确、系统、完整的要求。在新课标背景下，核心素养导向的作业改革势在必行。作业不能仅仅窄化为知识技能的巩固，更应是培养学生学科核心素养发展的重要手段。因此，设计与实施体现核心素养导向的作业便成了一线教师需要探索和研究的课题，从作业设计、作业布置、作业批改、作业评价等多方面齐抓共管。下面，分享部编版七年级语文阅读作业案例如下：按教师指导，学生于寒假进行了《红岩》的整本书阅读，其中的作业设计之一是，制作《红岩》英雄人物纪念册，即根据实际学情，语文老师设置了含有五个环节的任务单，如图2。

作业内容：制作《红岩》英雄人物纪念册（名著）

一、拟册名，说寓意

册名代表着制作这本纪念册的初衷，承载着《红岩》这本书记录的那一段壮烈历史对我们的影响。举例：《熠熠星光》。寓意：黑暗社会里，革命先烈用个人的点点微光照亮社会，最终凝聚成照亮华夏大地的熠熠星光。

二、画封面，讲创意

举例：这幅封面是江姐临刑前的画面，江姐眼中没有一丝畏惧，神态非常平静，整理好头发和衣服，早已把死亡置之身外。寓意：革命战士们都像江姐一样不畏生死，他们坚信胜利总会有到来的一天。

三、展遗物，讲故事

认真阅读原著，说一说你会展示哪位英雄的遗物，并讲一讲关于这位英雄的故事。

四、品画面，悟精神

纪念册里要放入一些英雄们在渣滓洞和白公馆里与敌斗争时的感人图片，请从《红岩》这本书里找到最让你感动的画面，品悟红岩精神的实质。

五、写赠言，抒寄语

在纪念册的封底上，请你以某位革命者的口吻给现代青少年写几句话，鼓励大家树立正确的信仰并为之奋斗，激励孩子们树立民族自信心和自豪感，举例：困难挫折都是太小的考验，挫折是玻璃做的，我们的意志是钢铁做的。

图 2 制作《红岩》英雄人物纪念册步骤

通过这样的特色作业设计，让学生深入认识英雄形象，理解红岩精神的内核，学习并传承英雄的革命情怀，增强民族自信心。这样的作业设计以学习主题为引领，以学习任务为载体，注重新旧知识的联结、思维成果的形成以及由此及彼的迁移，这样的作业设计助力学生实现深度学习，是新课标的真实落地。

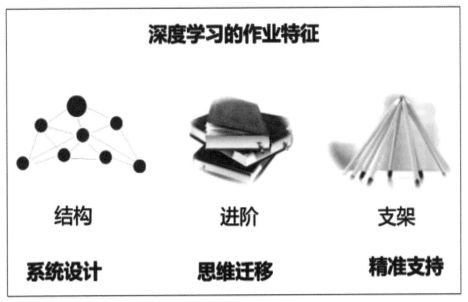

图 3　深度学习的作业特征

总之，我们要立足课程标准，聚焦核心素养，优化教学方式，强化课堂的主阵地作用。在教学过程中，要注重启发式、互动式、探究式、情景式教学；开展研究型、项目化、合作式学习，打造"教、学、评一体化"的高质量课堂教学，我们需要踔厉奋发，笃行不怠！

四、拆解课标·探索实践——整本书阅读教学设计与实践

李钏钏

摘要： 2022 年 4 月 21 日，教育部召开发布会，介绍了义务教育课程方案和课程标准修订情况，《义务教育语文课程标准（2022 年版）》正式颁布，《义务教育语文课程标准（2022 年版）》的一个核心目标就是"核心素养"，这也让我们感到了"核心素养"时代的真正到来。《义务教育语文课程标准（2022 年版）》中所明确的一系列旨在培养学生核心素养的方法中，"整本书阅读"教学模式是一项有益的尝试。本文首先对《义务教育语文课程标准（2022 年版）》中有关语文大单元的指向进行分析。其次，就如何实施整本书阅读教学进行探讨。

关键词： 语文核心素养；新课标；整本书阅读教学；策略

2022 年 4 月，《义务教育语文课程标准（2022 年版）》正式颁布，在《义务教育语文课程标准（2022 年版）》中，明确指出了"核心素养"作为义务教育语文的重要培养目标。围绕《义务教育语文课程标准（2022 年版）》中所指向的核心素养给小学语文带来的一系列要求，传统教学模式受到了极大挑战，如何寻找有效的教学方式培养学生语文核心素养，成为每个语文教师需要面对的重要命题。作者在长期的摸索和研究实践中发现，"整本书阅读"教学作为一种内涵和外延更加丰富的阅读教学模式，其系统化和整合性的特点对于夯实学生知识、拓展学生认知、发展学生思维蕴含着重要价值。因此，本文立足《义务教育语文课程标准（2022 年版）》，着力探讨《义务教育语文课程标准（2022 年版）》视角下的整本书阅读教学设计与实践策略。

（一）《义务教育语文课程标准（2022 年版）》中的"整本书阅读"指向

早在《义务教育语文课程标准（2022 年版）征求意见稿》中，关于"教学建议"就已经提出"教师要明确学习任务群的定位和功能，准确理解每个学习任务群的学习内容和教学提示，围绕学习主题，以学习任务为导向，整合学习情境、学习内容、学习方法、学习资源，设计基于大任务、大单元、真实情境的语文实践活动"。而在正式颁布的《义务教育语文课程标准（2022 年版）》

中，则提出了"教师要明确学习任务群的定位和功能……安排连贯的语文实践活动。"新课标还指出："要培养学生广泛的阅读兴趣，扩大阅读面，增加阅读量，提倡少做题，多读书，好读书，读好书，读整本的书。"

并且，新课标提出的六大任务群之一"整本书阅读"的拓展型学习任务群也做出了详细的说明，"整本书阅读旨在引导学生在语文实践活动中，根据阅读目的和兴趣选择合适的图书，制订阅读计划，综合运用多种方法阅读整本书；借助多种方式分享阅读心得，交流研讨阅读中的问题，积累整本书阅读经验，养成良好的阅读习惯，提高整体的认知能力，丰富精神世界。"整本书阅读教学设计应以此为理论依据。

这里就释放了较为明确的"整本书阅读"教学的概念和建议，并且还提出了要设计"多方面""多层次"目标的综合教学活动。

围绕《义务教育语文课程标准（2022 年版）》的相关指向，结合义务教育语文课程学习内容结构变化，"整本书阅读"教学要着眼于"大"字，从"大处"着眼，进而也从"大处"着手。首先表现在教学内容的"大"，"整本书阅读"教学不再是单篇单章的内容，而是将整本书内容进行大框架的解读。其次是教学架构大，"整本书阅读"教学围绕一个具体目标，充分整合现有教学资源，强调的是资源的整合性和教学架构的延伸性。最后是教学视野大，"整本书阅读"教学活动中，阅读教学活动中不再是只盯着知识点、考点，而是实现了"深度互联"。（如图 4）

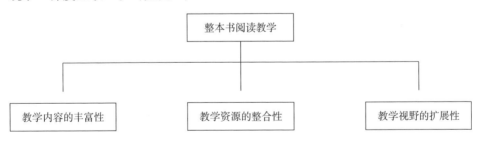

图 4 语文"整本书阅读"教学范式

（二）整本书阅读教学设计与实践

1.循序渐进，夯实知识

在实施"整本书阅读"教学实践的过程中，为了使师生形成宏观的知识认识，建构知识体系，掌握学科思想方法是关键，为此，在设计整本书阅读教学时，围绕"循序渐进，层层进阶"的导向，设计具有关联进阶性的阅读内容。

例如，三年级上册第三单元主题是"童话故事"，语文要素是"感受童话丰富的想象""试着自己编童话，写童话"。《安徒生童话》作为三年级上册"快乐读书吧"推荐的书目，是孩子阅读逐渐从片段转向篇章和整本书，作为整本书阅读兴趣培养的重要阶段，有针对性的方法指导尤为重要。这就为三年级下册"根据提示，展开想象，尝试编童话故事"和四年级下册"按自己的想法，新编童话故事"奠定了阅读和写作的基础。在对学生学情特点进行分解以后，设定了层层递进的三个教学目标，分别是阅读理解消化、阅读方法掌握、读后创作实践等。

2. 拓展联系，认知迁移

根据"整本书阅读"教学的本义和相关实践经验，在语文教育实践的过程中，要改变过去各单元"各自为王"的教学模式，要进一步整合书目前后内容，在知识迁移当中促进学生能够实现温故知新，实现对知识的深度巩固和理解，同时，这种对知识的深层巩固，也符合语文核心素养中关于"扎实的语言知识、熟练的语言技能"的培养目标。以《安徒生童话》为例，在通读环节，要教给学生"温故知新"，对整本书中前后的内容、艺术手法、故事主角、传达的精神等进行回顾和梳理，比如主人公有人、动物、植物和物件，采用的艺术手法有比喻、拟人等，传递的精神品质有纯真、勇敢、坚毅等，让学生进行前后阅读比较和感知，实现知识的深层消化。

"整本书阅读"教学的另一个重要原则是教学视野的开扩性，即教学并不仅仅局限于教材，教学活动也不仅仅在课堂发生，而是要通过课内外知识互联、学习和生活互联等方式，来使学生的实践能力、认知得到综合培养。例如，在带领学生阅读《安徒生童话》的过程中，可以将《安徒生童话》中的一些内容和我国的传统寓言故事作比较，让学生在比较中吸收新知识，也提升自身的中西方文化感知能力。

3. 边读边思，提质增效

整本书的内容丰富，且各有不同，如果不带着脑子阅读，很容易读了前面，忘了以后，或者走马观花，无所收获。因此，要引导学生边读边思。在带领学生阅读《安徒生童话》过程中，设计了一系列的阅读活动，比如手绘书签、绘制海报，此活动与美术老师合作，实现语文和美术的跨学科融合，老师指导学生为书中情或人物绘图，绘图过程中学生可能会再次阅读，关注细节，以画促读，其乐无穷。又如创编童话，通过单元课文内容的学习，学生习得了童话的写作特点，也有了一定的阅读积累，阅读是写作的基础，因此便可以开展习作教学了。

综上所述，"整本书阅读"教学既是新课标的重要导向，也是培养学生核心素养的良好途径，在实施过程中，我们不仅要追求达成阅读目标，还要保持学生的阅读兴趣，创设自由阅读、快乐分享的氛围，让学生能够真正有所收获。

参考文献

[1] 宋志旭 . 小学语文整本书阅读策略研究 [J]. 华夏教师，2019（2）：40-41.

[2] 潘建平 . 依托统编教材，引领整本书阅读 [J]. 当代教研论丛, 2019(11): 9-10.

[3] 徐琳，邝家明 . 构建整本书阅读共同体的多元体系 [J]. 基础教育参考，2019（23）：66-68.

[4] 李敏 . 新课标下语文整本书阅读教学创新途径探究 [J]. 成才之路, 2020(14): 74-75.

[5] 张瀚 . 整本书阅读教学中的三个关节点 [J]. 教学与管理，2016（17）：40-42.

[6] 杨志敏 . 共读整本的书提升语文素养 [J]. 课程教学研究，2015（8）：89-91.

五、新课标 新理念 新机遇 新挑战

魏葳

工作之余，在学部领导的引领下，我认真研读了《义务教育语文课程标准（2022年版）》。学习新课程这段时间，我不断对过去的教学思想和行为进行反思，对教研活动的开展进行了更多的思考。用新课程的理念，对曾经被视为经验的观点和做法进行了重新审视，这给我在小学语文教研教学上带来了新的挑战和机遇。

（一）理解新理念，落实新课堂

通过学习我深刻体会到新课程标准是根据时代的需要，对义务教育阶段的语文教学提出一些新的要求：比如，要求学生会略读和浏览，掌握搜集和处理信息的能力；将听说能力整合为口语交际能力，特别提出了口头交流和沟通的要求。提出了写作和生活实践紧密结合的要求，提出阅读、书写与写作的速度要求，并有量化指标。更重要的是注重学习方法和学习习惯的养成，并将其作为学习目标。

以小学低段阅读教学为例，新课标中指出："阅读浅近的童话、寓言、故事，向往美好的情境，关心自然和生命，对感兴趣的人物和事件有自己的感受和想法，并乐于与他人交流。诵读儿歌、儿童诗和浅近的古诗，展开想象，获得初步的情感体验，感受语言的优美。尝试阅读整本书，用自己喜欢的方式向他人介绍读过的书，养成爱护图书的习惯。"并且，在新提出的六大任务群中，就有"整本书阅读"的拓展型学习任务群。

纵观新课标的阅读相关要求可以得知：我们要增加整本书阅读在语文课程中的权重。因此，以这样清晰明确的理念引领，一年级语文组开展了《是谁嗯嗯在我的头上》绘本阅读，统筹安排阅读课时，把常规教学进行整合，给阅读教学预留出充裕的时间，避免碎片化、拼接型、散点式的阅读。保障学生在课堂上能够阅读整本书，教师引导激发阅读兴趣，旨在学生学会选择阅读书目，规划阅读时间，确定阅读目的，进行自主阅读，并在读书中发现乐趣，拓展迁移。

（二）开创新模式，尊重新主体

通过学习，我真正确立了语文教育的新理念，克服以往在语文教学中忽视学生的主体地位、忽视个性的培养、过分追求学科知识系统的传输等问题。我们应积极倡导、促进学生主动参与学习，注重联系生活、跨学科的学习和探究式学习，使学生获得现代社会所需要的终身受用的语文能力。相比较传统的教师一言堂，让学生参与课堂实践、主动质疑、提出问题、小组合作、解决问题的课堂模式更能够体现学生主体本位。因此，课堂上时刻要求自己做到"五不"：凡是学生自己能看懂的，教师不教；凡是学生能自己学会的，教师不教；凡是学生自己能探索的结论，教师不教；凡是学生自己能做的，教师不教；凡是学生自己能说的，教师不说。

教学中，我们应从"师道尊严"的架子中走出来，成为学生学习的参与者。教师参与学生学习活动的行为方式主要是观察、倾听、交流。教师观察学生的学习状态，可以调控教学，照顾差异，发现"火花"。教师倾听学生的心声，是尊重学生的表现。教师与学生之间的交流，既有认知的交流，更有情感的交流，既可以通过语言交流，也可以通过表情、动作来实现交流。以一年级刚入学的小学生为例，他们经常会跟在老师后面，这个说"老师，我的手有点疼"，那个说"老师，我想喝水"，还有的说"老师，我想去厕所"……事实上，作为老师，要真正体察孩子的内心需求，他并不是一点小事就要找老师，他内心真正的声音应该是"老师，我需要关注"。此时，老师需要做的，就是蹲下身来，帮助手疼的孩子吹一吹，说："好了，不疼了！"认真地告诉要喝水的孩子："好的，要多喝点，防止上火哦！"再对想去厕所的孩子耐心地说："去吧，轻声慢步靠右行。"你会发现，孩子会很开心地跑到一旁做自己的事去了。因为，他的情感需求得到了满足。

（三）整合新教法，守正要创新

在教学进程中，注重培养学生的创新精神。《义务教育语文课程标准（2022年版）》首次在义务教育阶段提出了综合性学习的方式，即要求语文知识的综合运用，听说读写能力的整体发展，语文课程与其他课程的沟通，书本学习与实践活动的紧密结合。强调在综合性学习中具有合作精神，培养组织、协调和实施的能力。突出自主性，积极主动地参与，特别要注重探索和研究的过程。除此之外，对阅读、写作和学习方法三方面也有很明确的表述。提倡独立阅读、自主阅读、探究性阅读。鼓励自主写作、自由表达，有创意地表达。在学习方法上，鼓励孩子拥有独到的见解，鼓励他们用适合自己的方法学习。

《义务教育语文课程标准（2022年版）》中提出：注重课程内容与生活、

与其他学科的联系，注重听说读写的整合，促进知识与能力、过程与方法、情感态度价值观的整体发展。比如，一年级语文组在进行整本书阅读教学设计时，就注重绘本与教材的整合：在小学语文（2022 年统编版）第五单元第七课《大小多少》中，语文要素之一就有"学会正确使用量词"，而绘本《是谁嗯嗯在我的头上》中，每一个故事情节中都会出现一个量词，在教学时注重迁移引导，巩固学生课堂所学，通过整合锻炼学生的语文能力，潜移默化中提高了语文素养。因此，要改变以往只以教材为中心，要拓展、要整合、要创新，多方面、多维度为学生语文素养的提升助力。

时代赋予我们的是机遇、是挑战。一定更加努力，不断研读新课标，不断学习新方法，依据新课标精神，积极开展务实有效的教育教学，积极构建高效的语文课堂，大力提高学生的语文素养。

第三章 探究大单元，赋能新课堂

一、单元整体教学在小学英语教学中的应用

周月明

摘要： 单元整体教学，是指在新课程标准的要求下，在英语学科核心素养的指导下，教师把握教学单元目标的整体性，挖掘单元教学内容的整体性，设计单元教学过程的整体性，规划单元教学时间的整体性，实施单元作业的整体性等教学手段和策略。在小学英语单元整体教学设计中，要从单元整体出发合理制定层层递进的课时目标；科学地分析每一单元的教学内容，提取话题；有效设计相应的课堂教学活动；适当进行文本再构；拓展文化内涵。在完成梯度性目标的过程中，输入大量的语言，帮助学生内化语言知识点，达到有效地输出，提升学生英语使用能力。

关键词： 小学英语；单元整体教学；新课程标准；英语学科核心素养

近年来，中共中央办公厅、国务院办公厅、教育部相继出台了加强"五项管理"《关于进一步减轻义务教育阶段学生作业负担和校外培训负担的意见》等红头文件，教育改革聚焦成课程改革，"知识本位"转向"素养本位""五育并举"向"五育融合"坚实迈进，"新教学""新教育"等新奇的字眼频繁出现在我们的视野当中。政策的落地催化了教育的变革，教育的变革也要求教师教育方式的更新、学生学习理念的升华。身为一线教师，在实际的小学英语教学中，我们应该寻求新的教学路径、探索新的教育方式。

单元整体教学设计有助于帮助教师在教学中把握立德树人的本质，聚焦主题意义的建构，整体规划教、学、评一体化活动，促进学生学科核心素养的融合发展。

在小学阶段，基于英语学科大观念的单元整体教学设计应以课程标准为依据，分析单元内容，提炼各子主题所承载的主题意义，并根据学生认知经验重组单元内容，提炼单元主题大观念和语言大观念，再建构单元大观念，进而制订单元与课时教学目标。

单元整体教学设计，不是简单地把每个课时的内容拼凑起来，每个学习主题之间应该有相互承接、有机融合的内在联系，在构建"学习"时一定要有线

性目标观念。单元整合一定要从散点到结构、从割裂到关联、从封闭到开放。要注重拓展宽度、增加厚度、挖掘深度。

表1 如何设计一个单元

名称与课时	为何要学此单元？
单元目标	期望学会什么？
评价任务	何以知道学会了？
学习过程	需要怎样学习？什么样的进阶？
作业与检测	真的学会了吗？
学后反思	通过什么支架或路径管理学习？

以二年级下学期北京版教材第六单元为例，本单元主题为"Which Season Do You Like?"，共4课，前3课为新授课，用6课时；第4课为复习课，用1课时；本单元共计7课时。通过研读教材，笔者发现季节的选择与描述贯穿整个单元。因此，可以将本单元的大单元主题定为"最喜欢季节的选择与原因告知"。在教学过程中，通过将本单元与教科版四年级下教材对比，寻找类似主题结构，整合两个单元，在回顾旧知的基础上，每一板块的目标任务也明确地指向单元主题，从而形成"大单元"，整合后课时为5课时。

表2 Which Season Do You Like? 单元整合设计

名称与课时	Which Season Do You Like?（5课时）
单元目标	学生能谈论四个季节，用语言表达在四个季节中所看、所做、所吃、所穿以及四个季节的温度和时长等，让学生从四季的变化中感受大自然的美丽，尊重自然、热爱自然。
评价任务	评价量表
学习过程	第一课时：春天所看、所做、所吃、所穿，以及时长、温度等。 第二课时：夏天所看、所做、所吃、所穿，以及时长、温度等。 第三课时：秋天所看、所做、所吃、所穿，以及时长、温度等。 第四课时：冬天所看、所做、所吃、所穿，以及时长、温度等。 第五课时：在小组交流合作中，以表格为依托，从Temperature，Food，Days，Clothes，Activity等方面进行对比，进而表达自己喜欢的季节，从而通过四季的变化感受大自然的美丽，尊重自然、热爱自然。
作业与检测	必做：会读写季节相关单词 选做：录制视频或制作海报等表达自己喜欢的季节

　　笔者将整个单元内容分为大板块，并在大板块中穿插之前所学的知识。总体单元目标为学生能谈论四个季节，用语言表达在四个季节中所看、所做、所吃、所穿以及四个季节的温度和时长等，让学生从四季的变化中感受大自然的美丽，尊重自然、热爱自然。前四课时活动为通过阅读语篇，分别感知春天、夏天、秋天、冬天，并能借助思维导图、表格等不同形式，梳理语篇内容及结构，尝试用自己的语言有序地介绍春天。课时进阶目标为初步感知一年中有几个季节及其表达，分别使用 spring，summer，autumn，winter 四个单词以及了解在春、夏、秋、冬中，所看、所做、所吃、所穿以及时长、温度等。第五课时活动为引导学生以表格为依托，以小组合作学习的方式让学生成为课堂主体，从 Temperature，Food，Days，Clothes，Activity 等方面对比，进而表达自己喜欢的季节，从而通过四季的变化感受大自然的美丽，尊重自然、热爱自然。

表 3　Details of Seasons

Seasons	spring	summer	autumn	Winter
Temperature				
Food				
Days				
Clothes				
Activity				

　　让孩子们进行小组评价，通过组内成员自行评价的方式从最佳绘画、最美发音、最佳发言人、金点子、进步最大等方面总结自己和小组成员本节课的得失。课后，笔者针对课堂参与度、课堂收获度、语言习得、语言运用等方面对孩子们进行简要采访，学生们表示这种学习方式更能让他们积极主动参与，收获更多。

　　结合以上实际案例，我们可以看到，单元整体教学有助于教师厘清单元教学思路，解决单元目标、课时目标偏离的问题；有助于教师整体规划板块资源，开发板块功能，形成单元整体教学框架；有助于教师挖掘单元教学主线，创设多元语境，发展学生的综合语言运用能力。21 世纪是"课堂革命"的世纪，基础教育课程改革的主战场在课堂，这场倡导基于"核心素养"的学校变革，旨在通过创建"学习共同体"，实现"真实性学力—真实性学习—真实性评价"，求得"全员发展"与"全人发展"。

　　课程改革实践，一方面孕育着 21 世纪学校变革的正能量；另一方面，在政策理念、学理阐述与实践行动之间仍然存在落差。我们需要更好地把握"挑战与回应"的关系，关注实际课堂，求得更具创意的成果。探索之路漫漫，我们只有择高处立、就平处坐、向亮处行，观全局、瞻远方，改革之路才会越走越宽。

参考文献

[1] 陈剑. 小学英语单元整体教学视角下的教材解读 [J]. 教学与管理，2015(06)：53-55.

[2] 叶亚均. 小学英语单元整体教学的实践与思考 [J]. 中小学外语教学，2019(01)：25-31.

[3] 吴祥玉. 单元整体教学在小学英语课堂中的有效设计和思考 [J]. 中外交流，2019(38)：298.

[4] 钱峰. 小学英语单元整体教学的思考与实践 [J]. 中小学英语教学与研究，2010（4）.

[5] 程晓堂，孙晓慧. 英语教材分析与设计 [M]. 北京：外语教学与研究出版社，2017.

二、践行单元整体教学，培养学生核心素养

——人教版八年级下册 Unit9 Have you ever been to a museum? 单元整体设计

杨秋红

摘要： 单元整体教学设计遵循以终为始的原则，对单元语篇整体分析和关联整合，基于学情分析学生核心素养的发展需求，制订单元整体目标。基于单元目标，设计单元学习活动，实施单元持续性评价，最终达成单元整合性输出，实现语言能力、文化意识、思维品质和学习能力的融合发展，促进英语学科育人价值落地课堂。本文结合具体案例，探索单元整体设计在教学中的实施过程。

关键词： 单元整体教学；主题意义；核心素养

（一）理论依据和设计理念

《义务教育英语课程标准（2022年版）》确立了培养语言能力、文化意识、思维品质、学习能力核心素养的课程总目标，强化了课程育人导向。在针对七至九年级的教学建议中明确指出要推进单元整体教学。本设计遵循单元整体设计理念，将育人目标融于主题意义探究和语言实践活动中，整体设计单元预习任务和学习活动、实施单元评价，引导学生自主建构主题意义，助力学生形成结构化知识。

（二）单元整体设计分析

本案例选取人教版 Goforit 八年级下册 Unit9 Have you ever been to a museum?

1.单元内容分析

本单元主题为 funplaces，该主题属于"人与社会"，涉及"不同国家和地区的人文景观和文化习俗"。

首先陈列出单元多模态语篇，分析研读单元文本，作为单元内容分析的逻辑起点。通过分析语篇类型、主题、内容、主题意义，实现对单元主题意义的初步探究。

表 4 单元多模态语篇分析

语篇	语篇类型	语篇主题	语篇内容	主题意义
Listening and speaking (sectionA1b、2b)	对话（听力）	交换关于是否去过某地的信息	共4组对话，每组对话2名同学交流去过的博物馆（游乐园），并确定行程和出行方式	通过对话交流信息，落实培养学生交流沟通能力的核心素养
Reading：（SectionA3a）	杂志文章（阅读）	三个特色博物馆	介绍来自世界各地的三个主题博物馆：电脑博物馆、国际厕所博物馆、茶博物馆	体验感知不同文化，培养学生文化包容意识
Listening and speaking (SectionA2b-2c)	对话（听力）	中国人文景观和文化习俗	一名学生采访外国学生，是否去过中国的下列著名旅游景点：长城、兵马俑、鸟巢、故宫	在语用中学习语法，通过谈论是否去过这些地方，激发学生对祖国大好河山的热爱之情以及传播中华优秀文化的使命感
Reading（SectionB2b）	广告语（阅读）	宣传介绍新加坡	从人口、语言、食物、动物园、气候等方面介绍新加坡	培养学生放眼看世界的格局

接下来，从 what、how、why 三个维度开展单元语篇研读，建立不同语篇主题意义的关联。What 指"语篇的主题意义和主要内容是什么"。单元围绕 funplaces 这一主题，通过听力活动谈论去过的有趣地方，初步感知含有 ever、never 的现在完成时；再到听力语篇谈论国内名胜古迹，在情境中学习巩固内化含有 ever、never 的现在完成时，总结归纳含有 ever、never 的现在完成时的用法；阅读语篇放眼世界，介绍三个风格迥异的主题博物馆及新加坡著名旅游景点。How 指"语篇具有什么样的文体特征、内容结构和语言特点"。该单元主要涉及听力语篇 3 个，均谈论去过的地方或做过的事情；阅读语篇 2 个，语篇 1 介绍来自世界各地的主题图书馆，语篇 2 为旅游热点新加坡的广告语，介绍新加坡的自然和人文景观。多种文体的呈现，使学生获取信息的方式更多元、视角更立体。Why 指"语篇的深层含义，即作者或说话人的意图、情感态度或者价值取向是什么"，本单元旨在使学生了解各类博物馆、主题公园和名胜古迹，增进对中外文化的理解，培养学生放眼望世界的格局和文化包容意识，培养文化自信、涵养家国情怀。

2. 单元学情分析

单元学情分析隶属于学习逻辑分析，是基于学生的已有基础和存在问题，探寻解决途径。

（1）已有基础：大部分学生有游览博物馆、游乐园的经历，熟悉单元话题；

学生已掌握现在完成时的句式和意义，具备一定的语言基础。

（2）存在问题：多数学生对国内外景点及相关文化缺乏了解，不能在真实语境中自如运用目标语言。

（3）解决途径: 设计预习任务，借助信息技术手段补充信息差；设计对话、访谈、复述等语言实践活动，帮助学生内化语言。

3. 单元学习目标

综合单元语篇分析和学情分析，制订单元教学目标如下：本单元学习后，学生能正确运用本单元目标词汇和语法 have been to 句型（课时 1），谈论去过的国内外景点及出行经历（课时 2、3），并能够在真实的情境中以口头及书面形式推介自己的家乡（课时 5、6）。单元整体目标具有可检测、可实现、可操作、可引领的特点，且以简练的语言涵盖整个单元的学习目标，呈现整体性；前后关联，层层递进，呈现递进性；从国内外人文景观迁移到推介家乡，培养家国情怀迁移性的特点，呈现迁移性。

4. 单元教学流程

在分解单元教学目标的基础上，制订课时教学目标，确立单元教学流程。本单元共设计 5 课时和 1 个综合实践活动课。各课时教学目标是单元目标的子目标，各子目标共同支撑起单元目标。

表 5 课时学习目标

课时	内容	教学目标	评价标准
Period 1	SectionA1a-2d（听说）+Self-check3	1. 在看听说活动中，获取梳理去过的博物馆、游乐园的信息 2. 运用目标语言，和同伴交流自己去过的游乐场和博物馆及感受	1. 能听懂听力语篇谈论的信息 2. 能运用目标语言，谈论自己去过的游乐场和博物馆及感受
Period 2	SectionA3a-3c（阅读）	1. 获取梳理、并描述三个博物馆的基本信息; 2. 运用猜测策略学习本课难点词汇; 3. 能谈论自己去过的最有趣的博物馆	1. 能概括三个博物馆的基本信息; 2. 能运用猜测策略学习本课难点词汇; 3. 能用目标语言谈论自己去过的最有趣的博物馆
Period 3	Section AGrammar-4cSectionB 1a-1d（综合）+Self-Check2	1. 正确理解和运用带有 ever, never 的现在完成时态; 2. 理解现在完成时（ever, never）与一般过去时态的区别; 3. 能运用目标语言完成访谈	1. 能正确运用现在完成时态（ever, never）; 2. 能区分现在完成时（ever, never）与一般过去时态的区别; 3. 能运用目标语言完成访谈
Period 4	SectionB 2a-2d（阅读）	1. 获取、梳理新加坡的基本信息，形成结构化知识; 2. 基于结构化知识，简要介绍新加坡 3. 能基于结构图，简要介绍家乡	1. 能够读懂并完成对新加坡描述的基本信息; 2. 能依据思维导图介绍新加坡; 3. 能由新加坡的知识结构迁移到对家乡的描述
Period 5	SectionB 3a-3b SectionA 4b（写作）	1. 能够借助mind-map构思和起草作文，书面介绍自己的家乡; 2. 通过小组讨论，接纳建议并修改作文; 3. 使学生了解和介绍自己的家乡，升华对家乡的情感	1. 能够借助mind-map构思和起草作文，介绍自己的家乡; 2. 能在交流中学习并接纳建议并进一步完善作文
Period 6	专题学习：综合实践活动课	能借助信息技术手段制作家乡的宣传视频	能基于文本、图片、音频制作出家乡的宣传片

5. 单元主题内容框架图

单元主题内容框架图将单元内容有机统一，体现了单语篇、语篇间的主题意义关联，同时由各语篇衍生出的大观念，是学生经过主题意义探究、建构结构化知识后，核心素养得以提升的显性表达。

表 6 单元主题框架图

6. 单元持续性评价

新课标提出要开展单元持续性评价，基于此探索单元整体性作业，打造单元评价连续体，促进"教、学、评"一体化。其中单元预学包括 Word study（正确拼读单元主题目标词汇，初步熟悉单词的形、义）和单元话题准备（查阅博物馆）、2 次预学任务单作业、1 次语言实践作业（介绍最喜欢的图书馆）、1 次综合实践任务作为单元整体性输出作业（为家乡制作英文宣传片）。在单元整体作业设计中，体现巩固性、关联性、多样性，兼顾对学生低阶思维到中高阶思维的培养及核心素养的提升。同时在评价中探索使用评价量规，促进评价方式、评价主体的多元。

（三）结语

综上，单元整体教学设计从教材逻辑和学习逻辑为起点进行分析，用单元整体目标直观清晰地表述学生在单元结束时达成的状态，以此为基础，设计单元学生活动和评价活动，通过学习理解、应用实践、迁移创新，最后达成单元的整合性输出。整体设计遵循以终为始的原则，站在终点设计起点及过程，可以有效改变传统备课的碎片化现象。同时在探寻主题意义、建构结构化知识的过程中，让学生的核心素养得以提升，这是单元整体教学的主要意义所在。

参考文献

[1] 教育部 . 义务教育英语课程标准（2022 年版）[M]. 北京：北京师范大学出版社，2022.

[2] 程晓堂，赵思奇 . 英语学科核心素养的实质内涵 [J]. 课程·教材·教法，2016，36（05）：79-86.

[3] 王蔷，周密，蔡铭珂 . 基于大观念的高中英语单元整体教学设计 [J]. 中小学外语教学（中学篇），2021，44（01）：1-7.

三、大单元教学：指向核心素养的初中历史教学

——以《沟通中外文明的“丝绸之路”》为例

韩颖

摘要：在传统教学中，教师总是"就课论课"，容易割裂单元和课时之间的相互联系，学生难以构建单元整体概念。本文以部编版七年级上册《沟通中外文明的"丝绸之路"》为例，在新课程理念的指导下，运用大单元整体教学的理念，挖掘和梳理课时内容与单元主题间的联系，设置任务驱动，培养学生的高阶思维能力，落实核心素养。

关键词：初中历史；新课标；大单元整合；核心素养

（一）教学背景分析

之前的传统教学中，教师多采取以某一课知识为主导，出现忽略单元整体教学、学生知识碎片化、思维逻辑性较差，难以形成单元整体概念的情况。几节课下来，老师虽然花费力气很大，但教学效果却不佳。那么，帮助学生构建单元整体框架、提升学生学习能力与核心素养刻不容缓。教师在分析教材时，应将教材中的单元作为一个整体通盘考虑。单元的主题是围绕某个历史时期的核心内容或关键问题确定的，它构成了一个完整的学习情境和学习范围，为学生具体学习历史、认识历史提供了路径，搭建了平台。单元内容的整合，需要将单元中的相关专题内容连为一条教学线索，并明确单元下各课的侧重和关联，尤其要发掘和梳理单元主题学习内容中蕴含的具有培育核心素养意义的要素，从而发挥单元学习的教育效果。

（二）以核心素养为导向的大单元教学实践

1. 教材内容问题化——突出学生能力的进阶性

在以前的教学中经常以教师教授为主，学生深入课堂为辅，但随着新课堂改革的推进，越来越注重学生在课堂中主体地位的体现。因此，以问题设疑，设置任务驱动，以小组合作的方式，使"探"更具有挑战性，激发学生对课堂内容进行深度思考，这更加有助于学生能力的进阶。如，首先，通过让学生自主画"丝绸之路示意图"，培养学生的识图能力和语言表达能力。其次，通过

展示史料和相关图片，让学生发现丝绸之路对东西方交往的重大作用，培养学生解读史料、概括归纳历史信息的能力。最后，通过观看视频，如今的"一带一路"倡议与古丝绸之路的对比，培养学生的家国情怀，认识到中国在现今世界中仍发挥着举足轻重的作用，激发学生的民族自豪感和自信心。层层递进，打造高效课堂。

2. 教材内容整体化——运用大单元教学理念，形成整体思维

基于单元的整体化教学设计，以教材为依托，利用整体性思维，实现单元主题、课时之间相关联知识的横纵串联，达到学科内容的融会贯通，帮助学生建立完整的历史知识体系，培养学生的历史思维能力，形成了良好的历史学习习惯，促进了学生的全面发展。《沟通中外文明的"丝绸之路"》选自本单元的第14课，主要内容包括张骞通西域、丝绸之路和对西域的管理三个子目。教师首先要把本单元作为一个整体向学生展示，本单元的主题为：秦汉时期——统一多民族国家的建立与巩固。再联系之前已学过的知识，进行归纳总结和整合，梳理知识框架，教师可以提问："两汉时期在民族关系和对外交往方面是如何巩固大一统的呢？"继而引出本节课所学知识。

汉武帝时期两度派遣张骞出使西域，加强了中原与西域的友好往来；汉元帝时设置西域都护府，促进了统一多民族国家的发展，为丝绸之路的开辟奠定了基础。而丝绸之路的开通，对民族关系的发展和中西方的交往产生了深远的影响，它是地理大发现之前一条世界文化交流的主要通道，它不仅沟通了东西方文明，而且促成了多个文明的相互渗透，可以与欧洲开辟新航路之举齐名并重。两汉时期的对外关系呈现出开放、积极、进取的时代特征。

在讲述张骞第二次出使西域时，笔者联系"汉武帝巩固大一统局面"一课中"北击匈奴"一目，引导学生了解张骞第一次出使西域时，匈奴势力强大，控制了西域等地，所以张骞出使西域被匈奴扣押达十年之久。随着汉武帝实力的强大，派卫青和霍去病多次北击匈奴，汉朝已控制了河套地区，匈奴势力大减，这就为张骞第二次出使西域提供了安全稳定的外部环境，同时张骞的出使也为彻底消除匈奴对汉王朝的威胁提供了有利条件。通过教师的引导，有助于学生打破课时壁垒，构建单元间的整体联系，加强时空观念（图1）。

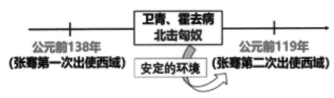

图 1 张骞两次出使西域

本节课的小结，笔记再次出示开篇的单元框架，通过本节课所学知识，让学生自主完善框架内容，形成单元整体概念，使学生认识到每一节课都不是孤立存在的，而是在单元整体理念之下相互联系的整体，进一步帮助学生构建单元整体框架，提升学生的学习能力与核心素养（图2）。

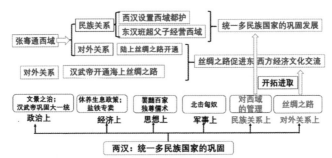

图 2 从大单元角度看汉武帝巩固大一统措施示意图

3.教学内容情感化——彰显家国情怀，落实核心素养

通过表演历史剧，运用寓教于乐的教学方法，让学生身临其境，感受汉武帝联络大月氏的必要性和张骞心系民族命运的爱国精神，激发学生忠于使命、热爱祖国的情感；通过秦汉时期南海诸岛的归属、西汉时期西域归属中央政权，让学生知道南海、新疆是中国领土不可分割的一部分，树立维护祖国统一的观念；通过"一带一路"倡议对古丝绸之路的传承与发展，激发学生强烈的爱国热情。最后，通过笔者自编的一首诗词结束本节课的学习，给学生留下深刻的印象，也使学生的民族自豪感和爱国情怀达到顶峰（图3）。

> 张骞凿空通西域，陆上丝路从此开。
> 古道驼铃阵阵响，海上帆船悠悠航。
> 西域都护保丝路，东汉班超常驻足。
> 新疆南海归中国，一统大业至此传。
> 丝绸之路长久远，人类文明连千年。

图 3 教师自编诗词——思路文明的传承

　　大单元教学促进了学生的深度学习，进一步落实了历史核心素养。同时，也促使教师要俯视教材，整体把握，促成知识与思维的闭环，提高了教师的专业素养。且行且思，且思且进，相信拥有改变的勇气和探索的精神，课堂一定会更加精彩！

四、"大概念"下的初中历史单元整体设计与实施

——《经济大危机和第二次世界大战》

张静思

摘要：随着新课标的出台，历史课程的教学力求体现新课程的基本理念，以发展学生的核心素养为目标，并依据目标对教学内容进行适当地选择与整合，精心设计以学生为主体的教学过程和教学活动，使学生在学习过程中形成对历史的正确认识。

关键词：初中历史教学；大概念；单元教学设计

初中历史课程内容的基本结构是按照历史发展的时序，以学习主题的方式依次呈现历史发展进程的。要求学生在掌握历史发展基本线索的基础上，了解和认识重要事件、人物、现象，对重要的历史问题进行分析。教师在进行教学设计时，要整体梳理教学内容，分析课程内容结构，运用大概念对教学内容进行整合，进而培养学生的核心素养。

（一）课标里的单元整合

初中历史新课标中的第六部分"课程实施"中提出了5点教学建议，其中第3条建议为"以核心素养为导向整合教学内容"，具体操作为"基于单元主题学习整合教学内容""运用大概念对教学内容进行整合"。接下来我们看课标对这两点的具体解读：

1. 基于单元主题学习整合教学内容

历史教材的基本结构是按照历史发展的时序，以学习主题的方式依次呈现的。单元的主题是围绕某个历史时期的核心内容确定的，它构成了一个完整的学习情境和学习范围。教师在分析教材时，应将教材中的单元作为一个整体通盘考虑，并明确单元下各课的侧重和关联，发掘和梳理单元主题学习内容中蕴含的具有培育核心素养意义的要素，从而整体发挥单元学习的教育效果。

2. 运用大概念对教学内容进行整合

大概念是指那些能够将分散的知识、技能、观念等联结成为整体，并且赋予它们意义的概念、观念。历史教学中的大概念可以从多层面进行整合和提炼：

（1）能够统领整个学习板块的大概念，如世界近代史中的"资本主义发展"；

（2）学习单元中的大概念，如世界近代史中的"资本主义制度的初步确立"；

（3）每课中的大概念，如"君主立宪制的英国"一课，可将"社会变革"作为大概念，使学生从这一视角认识英国在思想、政治、经济等多方面的发展与变化。

（二）课堂中的单元教学——以《经济大危机和第二次世界大战》为例

1. 单元内容分析

《经济大危机和第二次世界大战》为九年级历史下册第四单元，共有3课，分别是13课《罗斯福新政》、14课《法西斯国家的侵略扩张》、15课《第二次世界大战》，共包括四个名词：经济大危机、第二次世界大战、罗斯福新政、法西斯国家的侵略扩张，这些事件之间有着怎样的内在联系呢？我们发现，经济大危机是第二次世界大战爆发的原因之一，罗斯福新政和法西斯国家的侵略扩张是资本主义摆脱经济大危机的主要方式。通过内容分析，我们将本单元中的课题连成了一条教学线索。接下来我们看新课标对本单元的要求。

2. 单元课标要求

（1）通过了解经济大危机及罗斯福新政，初步理解国家干预政策对西方经济的影响。

（2）通过了解日本对中国的侵略、意大利法西斯和纳粹德国的对外扩张，知道德国、意大利、日本侵略集团是发动第二次世界大战的罪魁祸首。

（3）知道第二次世界大战的主要进程和主要战场，知道《联合国家宣言》和开罗会议、雅尔塔会议、波茨坦会议等重要国际会议，了解世界人民反法西斯战争的艰巨性和胜利原因。

3. 单元核心素养

史料实证：通过图文材料，了解1929年—1933年经济大危机的原因、表现、特点及影响。

唯物史观：通过史料，分析罗斯福新政的内容和影响，培养学生正确评价历史事件的能力。

时空观念：通过识读地图、观看视频、时间轴等，梳理二战主要进程、重要会议。

历史解释：举例说明法西斯的暴行，认识法西斯势力的侵略扩张给世界造成的灾难；通过研读史料，了解《联合国家宣言》和开罗会议、雅尔塔会议、波茨坦会议在第二次世界大战中的重要意义，理解世界人民反法西斯战争的艰巨性、正义性和胜利的原因。

家国情怀：①通过对罗斯福简单的了解，培养学生承受挫折、积极进取的爱国情怀；②了解法西斯的恐怖统治给世界和平造成的严重威胁，认识到正义的力量，只有加强联合，才能有效地战胜邪恶势力；③呼吁学生热爱和平，反对战争。

4. 单元教学案例

《罗斯福新政》一课有两个子目，分别是"从繁荣到危机""罗斯福新政"，这两个子目间有怎样的联系呢？罗斯福新政是美国摆脱经济大危机的方式，放到本单元中，经济大危机是第二次世界大战的原因之一。

分析完本课的结构后，根据课标和单元核心素养，确定本课要达到的核心素养目标：①通过图文材料，了解1929年—1933年经济大危机的原因、表现、特点及影响（史料实证）。②通过史料，分析罗斯福新政的内容和影响，培养学生正确评价历史事件的能力（唯物史观、历史解释）。③通过对罗斯福简单的了解，培养学生承受挫折，积极进取的爱国情怀（家国情怀）。

教学重点：罗斯福新政。

教学难点：经济大危机的原因、罗斯福新政的影响。

教学方法：自主学习、合作探究、研读史料、观看视频。

教学过程：

（1）导入新课：说说一战后形成国际格局"凡尔赛—华盛顿体系"的影响。

①战后出现相对稳定的政治局面，资本主义经济得到恢复与发展；②激起了新矛盾，埋下了第二次世界大战的祸根。

教师引导：经济发展的背后却隐藏着严重的经济危机，面对经济大危机，不同的国家采取了不同的措施，如美国实行新政缓解危机，而德、日却走上了法西斯道路，最终引发第二次世界大战。本节课我们开始学习第四单元《经济大危机及第二次世界大战》，接着出示本单元下的目录，并尝试让学生说出本单元中历史事件之间的关系。

（设计意图：复习上一个单元的教学内容导入新课，使知识体系更具有完整性和系统性，体现了大单元的教学理念，也落实时空观念、唯物史观历史核心素养。)

（2）**自主学习**。出示本节课的学习提纲，让学生自主读书，完成提纲中的知识点：①阅读课文，找出经济大危机爆发的原因、时间、特点、影响；②阅读课文，简单介绍罗斯福；③阅读课文，找出罗斯福新政的时间、内容、影响。

（设计意图：自主阅读，培养学生的自学能力；问题导学，培养学生自主分析问题的能力，并整体了解本课的内容结构。）

（3）**合作探究**。学生自主读书后，师生共同解决提纲中的问题：①经济大危机爆发的原因（图片和史料展示20世纪20年代，美国经济由繁荣到萧条）；②史料展示经济大危机的表现：金融、企业、社会；③研读史料，分析经济大危机的特点；④研读史料，概括经济大危机的影响。⑤罗斯福新政的措施及特点：观看罗斯福视频、小组讨论每条措施的作用、概括特点；⑥罗斯福新政的影响：图片和文字材料。

（设计意图：通过展示图片和文字材料，更直观地让学生感受经济危机对资本主义世界经济的破坏。危机从经济蔓延至政治甚至整个资本主义世界，以此引导学生理解美国实施新政的原因；通过观看罗斯福事迹的视频，培养学生承受挫折、积极进取的家国情怀；小组合作探究，培养学生合作交流意识，通过史料分析，培养学生论从史出的能力，落实史料实证历史核心素养目标。）

（4）**知识构建**：根据以上学习，自主构建本课的知识体系。

（5）**课堂评价**：小组讨论 ①列举20世纪和罗斯福新政类似的改革；②罗斯福新政对于当今中国和世界经济发展有什么经验值得借鉴？

（设计意图：理解罗斯福新政的特点，将视野从美国扩展到世界，实现知识的迁移和运用，培养学生的全球史观。）

综上对九年级历史下册《经济大危机和第二次世界大战》的单元整体设计，使学生对本单元的知识有了更系统的把握，在学习过程中培养了学生的核心素养、整体性思维、高阶思维。总体来说，大单元教学是为了实现高质量育人，基于核心素养，把握课标、拆解课标、驾驭教材、整合教材，确定大主题或大概念，在掌握学情的基础上，确定大单元目标、创设情境、开展活动、作业评价等要素的一个结构化的科学设计。基于核心素养的单元教学设计是国家对课程教学高质量的要求，也是学生成功走向深度学习的必经之路。

五、初中英语思维可视化阅读教学有效开展路径探索

高惠

摘要：思维可视化是英语阅读课堂的重要工具之一。本研究以人教版八年级上册 Unit7 Will people have robots? 的阅读课 Do you think you will have Your own robot？为例，旨在探究初中英语阅读课堂实践思维可视化的有效教学路径，包括选用合适的思维可视化工具、制订梯度教学目标，引领思维进阶、构建思维导图及问题链引领阅读思维，践行英语学习活动观等方面。通过思维可视化培养学生的思维品质，从而提升学科核心素养。

关键词：思维可视化；阅读教学；问题链；核心素养

（一）研究背景

《义务教育英语课程标准（2022 年版）》提出："核心素养包括语言能力、文化意识、思维品质和学习能力四个方面。"初中阶段是学生养成个人终身发展和适应社会发展的必备品格和关键能力的重要阶段。在英语阅读教学中优化学生思维方式、提升学生思维品质具有重要意义。思维可视化是培养语言能力和思维能力的一种工具，有助于培养学生的高阶思维。思维可视化是指利用图示或图示组合的方式，把不可见的思维结构、思考路径及方法呈现出来，使其清晰可见的过程，可以实现零散知识系统化、隐性思维显性化、解题规律模型化。思维可视化能够引导学生自我反思与梳理，让学生自己发现问题并改进，促进知识向能力和素养的转化。

（二）核心素养下初中英语思维可视化阅读有效教学路径

1.选用合适的思维可视化工具

教师在阅读课中使用思维可视化工具如思维导图、流程图、结构图、表格等图形，可以清晰地展现不可见的思维，有效提升学生学习的整体性和知识结构化。本节课围绕现在与未来机器人为主题展开，每段呈现一个主要问题，What are robots like in movies？What can robots do today？Will robots think like humans in the future？What will robots be like in the future？学生按照教师要求，提取文章关键词，根据现在与未来机器人或者四段主要内容制作思维导图。学

生基于理解去梳理文本信息，理清逻辑关系。但是学生仅停留在梳理信息层面，没有对文本进行深加工，找到内在联系。因此，教师在学生展示后再点拨，将不对等的信息结构进行重组。

2. 制订梯度教学目标，引领思维进阶

（1）教材分析

本单元的主题语境为人与社会。教材分析从 what，why，how 三个维度进行。本课时的题目为 Do you think you will have your own robot？本语篇是一个整体的阅读板块，谈论了未来机器人发展的话题，其中涉及机器人过去和现在的状况及两派科学家对未来机器人发展的不同预测。学习本课的目的是通过学习机器人的相关知识，鼓励学生不断努力，学好科学文化基础知识，培养创新思维能力，运用科技的力量改善人们的工作和日常生活，创造更加美好的未来。

（2）学情分析

在语言技能方面，学生能够正确地使用一般将来时，但在预测未来机器人时不能熟练使用英文从多方面进行预测。解决措施为在思考与讨论环节，教师以结构图的形式给出输出部分的支架，清晰地展示出思考方向，降低学生延展预测的难度，进行头脑风暴；在思维品质方面，学生思维活跃，想象力丰富，但是在表达个人对未来机器人预测方面容易偏离语境话题。教师构建家庭、工厂、医院等真实情境，激活学生的知识储备，让学生快速融入语境，最终结合生活实践经验，在合理范围内想象与预测。

（3）制订教学目标

本节课结合教材与学情，制订的教学目标严格遵守《义务教育英语课程标准（2022年版）》《三级学业质量标准》对学生的要求。《三级学业质量标准》要求在阅读稍长的语篇材料时，能理解主要内容，推断隐含信息。对应的教学目标是获取关键信息。同时要求学生积极参与课堂活动，与同伴一起就相关主题进行讨论，合作完成学习任务。对应的目标是通过阅读及小组讨论，绘制并介绍思维导图。还要求学生能描述、介绍人和事物，表达个人看法，表意清晰，话语基本通顺。对应的教学目标是在校园机器人论坛上表达对未来机器人的预测。

3. 小组合作提炼关键信息，构建思维导图

学生通过三次阅读，能够提炼出文本的关键信息，教师引导学生在小组合作下构建文章框架，将提炼的信息进行整合，并制成思维导图。在此期间，教师为学生探究主题意义提供足够的支架。教师以 What can robots do day？

What will happen in the future？两个主要问题为引领，（如图4所示）引导学生概括出现在机器人能力、未来机器人能力及发展情况，并理清各段之间的逻辑关系。学生展示各自小组的思维导图后，教师再展示整体语篇结构图并引导学生复述语篇内容，并根据教师展示的评价表格对其他组进行评价。

What can robots do today? What will happen in the future?

1)　Robots can build _____ in factories.

2) They can do _____ jobs many times and never_____.

3) Some can _____ and _____.

4) Some can help _____ people _____.

1) There will be _____robots in the future.

2) Robots will have _____ shapes.

3) Will robots be able to think like humans?

Possible	Impossible
Reason:	Example:
Conclusion:	

图 4 问题支架

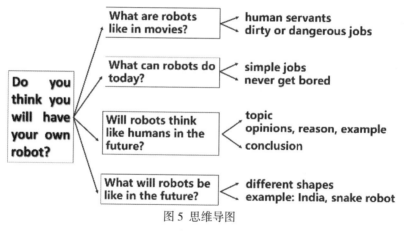

图 5 思维导图

4. 问题链引领阅读思维，践行英语学习活动观

问题链教学模式结合学生的背景知识或经验，将语篇思维转化成具有系统性、逻辑性、关联性的问题链。多角度、循序渐进的问题链能够激活学生的探究意识，促进学生理解知识、发展能力并形成正确的价值观，在探究过程中提升思维品质。本课时设计的问题链（如图6所示）层层递进、环环相扣，遵循了英语学习活动观的三个层次，即学习理解—应用实践—迁移创新。问题1~3为学习理解问题，引导学生提取并整合文本的关键信息；问题4为应用实践问

题，借助结构化支架，引导学生制作思维导图，在头脑中形成结构化知识，促进学生对目标语言内化，为语言输出搭建支架。问题 5-7 为迁移创新类问题，引导学生思考未来机器人的应用场景，思考现在人们生活中会遇到哪些难题可能需要机器人的帮助，使用一般将来时论述未来机器人在各行各业能够如何帮助人们。输出环节的问题设计目的为引导学生思考如何使用科技的力量改善自己、家人、朋友或某一行业的工作和日常生活。实现学科育人，立德树人。核心素养视角下的初中英语阅读教学，不应局限于语言知识和语言技能的学习，还应使学生通过学习英语认知自我、认识社会、认识世界，增长知识和智慧，树立正确的人生观、价值观。在拓展性、开放性问题链引领下，学生通过分析和思考，加深了对主体意义的理解，多角度地思考问题，创造性地解决问题，促进知识向能力、能力向素养的转化。

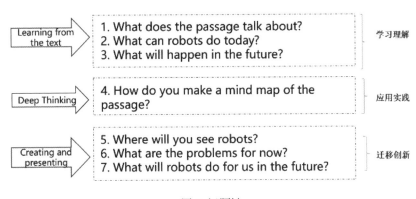

图 6 问题链

（三）结语

在初中英语阅读教学中使用思维可视化，能够帮助学生构建语篇整体框架，梳理语篇的内在逻辑关系，将不可见的思维通过丰富多彩的课堂活动清晰地呈现出来，有助于提高学生独立思考的能力与合作互助的团体意识。但思维可视化在英语教学中的应用仍存在图示使用单一、以教师的建构充当学生的建构、以图形的初稿替代探究的结果等问题。思维导图的使用以总结、梳理为主，并没有达到通过思维可视化培养学生评级、批判等高阶思维的目的。因此，教师在英语阅读教学中使用思维可视化时要注意发挥学生主动性，在思考过程中给与足够的时间和空间支持。优化问题链结构，设计真正具有启发学生思维、提升思维层次的问题。

参考文献

[1] 中华人民共和国教育部 . 义务教育英语课程标准（2022 年版）[S]. 北京：北京师范大学出版社，2022：4.

[2] 刘濯源 . 思维可视化：减负增效的新支点 [J]. 中小学管理，2014（6）：10–13.

[3] 程晓堂，赵思奇 . 英语学科核心素养的实质内涵 [J]. 课程·教材·教法，2016（5）：79–86.

[4] 蒋京丽 . 思维可视化图形在阅读教学中的运用分析 [J]. 教学月刊·中学版（外语教学），2021（8）：43–47.

六、单元整体视域下的小学英语课堂建构实践

——Unit 4 How long will you stay there?

杨洋

摘要：单元整体是《义务教育英语课程标准（2022年版）》中的重要理念。读写则是英语学科中学生需要具备的关键能力，读写课是英语课中的主要课型。本文基于《义务教育英语课程标准(2022年版)》理念，聚焦单元整体视域下的小学英语读写课主题意义建构实践，通过分析单元整体视域下的小学英语读写课主题意义建构实践策略，旨在探讨如何提升小学英语读写课教学水平，如何培养学生的英语读写能力素养。

关键词：单元整体；小学英语；读写课；主题意义；实践

《义务教育英语课程标准(2022年版)》中明确提出：英语教学内容由主题、语篇、语言知识、文化知识、语言技能和学习策略六个因素组成。而在这些因素之中，主题起到了联系和引导其他内容元素的功能。

（一）小学英语单元整体的内涵

《义务教育英语课程标准(2022年版)》指出，英语教学内容应以主题为主线，依据各种篇章，将学生的语言知识、文化知识、语言技能、学习策略等融入教学中，采用"单元"的方式教学。六大元素是一个互相联系、互相促进的有机体，它们是一个贯穿于整个义务教育过程的可持续发展的整体。

"单元整体教学"将大主题或大任务作为核心，对学习内容展开分析、整合、重组和开发，内容包括明确的主题、目标、任务、情境，以及活动、评价等因素，构成一个有组织的整体，对不同类型的课程进行综合策划和实施。《小学英语单元教学》的总体设计，需要老师根据课标和课本，在课堂上选取对培养学生核心素质有益的情景材料，并将其与学科的基本知识联系起来；制订学习目标，确定评估任务，设计学习活动；实施课堂教学，进行教学反思；在全国范围内实行"单元式"的"一体化"，其目的在于树立"课程观念"，突破"文本式"的条条框框，用"主题"的价值观来指导教学；在教学中运用"以课为本"的教学理念，增强教学的针对性和时效性，以达到提高英语质量，实

现"以人为本"的目标，全面提高教学效果；加强学科教育。

（二）单元整体视域下的小学英语读写课主题意义建构实践策略

1. 整体解读，设定主题

本课程所学的题目为"Unit 4 How long will you stay there ?"。从整套教材来看，谈论计划这一话题是第一次系统地呈现，但话题内容与学生紧密相关，从情景方面来说，以 vacation plan 这一学生最为熟悉的活动引出单元主题，在此基础上谈论如何制订计划、为旅行做准备、出行过程、到达计划地点等一系列活动，逐步递进，层层深入，在学习的过程中感知一般将来时及特殊疑问句形式。话题贴近学生的生活经验，语言的交际功能明显。六年级学生还将继续学习有关游玩、郊游等内容。谈论话题由计划出行向假期旅行、假期活动过渡，丰富语言知识的同时，拓宽学生视野。从内容方面来说，四年级下册第 5 单元学过了 play the violin、read books 等有关日常活动的词组，五年级上册第 2 单元学过了 go to...by+ 交通工具的表达方式，都为本单元学习做了铺垫。本单元学习谈论节假日活动，包括检查准备清单、带所需物品、去某地以及在某地打算待多久。六年级上册 Unit 6 At the safari park 在已有知识基础上谈论游玩和郊游等活动，涉及 shall 的用法。纵观各年级内容，话题的学习层层递进、不断拓展，语言学习由易到难、循序渐进，体现了课标知识学习的渐进性、持续性要求，符合学生的知识认知特点。

2. 文本阅读，活跃思维

阅读对于学生而言十分关键。通过阅读，学生一方面能够深化对英语词汇、句型、段落、文本整体的理解；另一方面能够培养学生的语感，活跃学生的思维。因此在单元整体视域下的小学英语读写课主题意义建构中，我们也要重视学生的文本阅读，通过文本阅读，让学生的思维保持在活跃状态，以增强学生的英语学习兴趣和积极性。

比如在 Unit 4 How long will you stay there ? 单元学习中，我引导学生搜集相关题材的课外文本，如类似主题的文本，丰富自己的写作素材。写作是英语学习的输出环节，想要提升写作的效果，必须保证足够的语言输入，也就是英语材料的大量阅读和积累。对此，我先对学生的基本情况进行分析和评估，然后筛选出适合学生的英语阅读素材。学生通过精读和泛读相结合，进一步提升英语语感，活跃学生的思维。

3. 读写结合，提升能力

读和写是英语学科学习的两大重点任务内容。同时也是英语读写教学中的难点。阅读与写作之间有着密切的关联，阅读是学生不断积累丰富知识、学习写作经验的过程，写作是学生深入思考，灵活应用英语知识的过程。读写结合的过程是一个多元互动的过程。其中，学生的阅读和写作之间会产生互动，教师的阅读指导和学生的阅读之间会产生互动，教师的写作指导与学生的写作之间也同样会产生互动。正是这种多元化的复杂互动促成了英语读写的效果。因此基于"双减"与核心素养，教师在教学中应当注重互动，把握互动的对象——学生，以读写为互动内容，以互动为方式，将阅读、写作的技巧传递给学生，实现学生综合能力素养的提升。在互动时，教师要依循学生主体原则、合理原则、有效原则。其中主体原则即教师是英语读写教学的互动主体，是读写经验与技巧传递的对象；合理原则指的是读写互动中，教师要把握尺度和时机，选择合理的时间段去互动，让学生充分有效地从互动中体会和感知读写技巧。有效原则指的是教师与学生的读写互动要蕴含阅读中的重点内容、特色内容，让学生通过经典、有特色的文章去获得较明确的知识。

在 How long will you stay there？的教学中，学完第一课时我就把握单元读写教学中的互动技巧，让学生简单地总结问题，然后写几句话描述 Where will you go？How will you go there？When will you go there？How long will you stay there？等，设计相应的主题对话。通过展示学生上节课作品的形式和学生对话，使知识点的引出更加自然，播放有关旅行的视频，通过 4 个步骤引导学生写出自己的 travel plan，同时复习关键句型。

4. 导入实践，提升氛围

英语教学的六大元素是培养学生核心素养的前提和重要手段。以六大元素为基础的英语学习活动观指的是在教学中，通过对学习的理解、应用、实践与创新等一系列对学习内容进行综合地反映；以相关性、实用性为特色的英语教学，是以现有的知识库为基础，以各种语篇为载体，以问题为主线的教学；利用语言技能，将语言知识与文化知识融合，加深对话语的了解，吸收其中的文化精髓，推动多元思维发展、价值取向判断以及学习策略的应用。在这个过程中，语言能力的发展，思维质量的提高，文化意识的建立，文化知识的掌握，是相互关联,相互促进的。但是,单元教学目标是整个单元教学中的第一个环节，它是贯彻核心素质的必经之路，也是可以进行高效地设计和实施教学活动的起点。

学习活动贯穿单元教学的全过程。学习活动不仅体现为外显的言语行为，还体现为内部的语言思考，它是一种学生与课程内容进行的深入对话，并对课程进行了整体重组。小学学生已经具有了很高的自主性。在教学过程中，老师要主动地创造出一个真正的教学情境，将学生已经存在的知识和经历充分地调动起来，从而引导出需要解答和探索的问题。在教学过程中，老师不仅要对教学内容六个要素进行统一，而且要把核心素养四个方面融入教学活动中，促进学生新的语言和文化知识的构建；深刻认识话语所传达的含义及其所蕴含的文化价值。在活动结束之后，老师应该以高阶思维为基础，不断地为学生们提供由学习理解、运用实践到迁移创新的活动途径，指导他们在一个新的问题解决的环境中，进行推理与论证、想象与创造、批判与评价等超出文本范围的学习，从而使他们能够从表面意义理解到对主题含义的理解。

（三）结论

笔者以单元话题为主线，将听、说、读、写贯穿单元教学中，从听说入手，训练目标语言，培养学生的口语交际能力和创新思维能力。在掌握目标语言的基础上，通过视频、图片、音乐等手段导入情境，通过问题链引导学生深度阅读，构建思维导图，培养阅读能力。学生通过课文复述、角色扮演及话题写作进行语言输出，实现由听说到读写的能力迁移，培养听、说、读、写语言技能，并最终培养学生用英语解决问题的能力。综上，本文以单元主题为主，将听力、口语和阅读融入其中；以听、说为中心，通过创设情境、设定主题，听说训练、文本阅读、读写结合、导入实践、提升氛围等方式对学生进行口语交际、创新思维等方面的训练。从而提高他们的阅读水平。

参考文献

[1] 赖文华 . 基于单元整体设计的小学英语教学策略探究 [J]. 考试周刊，2020(59)：93-94.

[2] 毛婷婷 . 单元整体视域下的小学英语读写课主题意义的建构实践——以 PEP《英语》六（上）Unit 5 Part B Read and write 为例 [J] . 小学教学设计，2022（30）：51-55.

七、模块化旋转式音乐课程《安塞风·腰鼓情》课例分析

音乐项目组（张文祥、杨畅、孔钰、潘冠羽、王虹力、耿晗）

廊坊华夏幸福学校小学部音乐组教学团队的《安塞风·腰鼓情》课是一节以陕北民间特色音乐为文化背景的模块化旋转式音乐课程。

本节课的课例分析主要从以下四个方面来阐述：

本节课的课程设计理念；本节课的模块设置；对本节课的融创进行简要分析；成长和收获。

（一）本节课的课程设计理念

首先分析一下本节课的设计理念——《安塞风·腰鼓情》这节课是小学部音乐组项目团队精心打造出品的一节创新型的学科融合模块化课程，它实现了融合前四至五个课时量的教学任务，融合之后在两个课时量的时间内高效完成。这也体现了"双减"政策中减负、提质、增效中的增效。我们将音乐学科的三个模块和舞蹈学科有机融合。

在这节课中我们设置了欣赏、音乐基础知识、演唱、舞蹈四大模块。设计这节课的课程标准依据：音乐课程教学通过聆听、探究、实践等多种形式得以实施。将其作为学生走进音乐、获得音乐审美的基本途径。有效提高音乐素养，拓宽学生艺术视野，深化学生对音乐艺术的理解。

设计这节课的核心素养依据：展现了音乐鉴赏力、音乐理解力、审美体验和文化认知四个核心素养层面的内涵。

（二）本节课的各个模块的设置

1.音乐学科欣赏模块

学习目标：通过欣赏环节，能够体会陕北民俗风情和陕北人民热情豪迈的性格所造就的独特民族民间艺术。

在这一模块中，我们设置了两个目标任务：

（1）了解陕北民歌的特点；

（2）了解安塞腰鼓。

这一模块设置的目的是为演唱模块和舞蹈学科进行辅助和铺垫。

2. 音乐学科音乐基础知识模块

在这一模块中共设置了三项闯关任务：

第一关：知识落实。主要培养学生听辨音高的能力，学习乐曲中的节奏、旋律以及乐曲结构。

第二关：旋律填空任务。以任务单形式出现，目标在于培养学生的听辨能力及旋律记忆能力。

第三关：音乐游戏任务。在音乐实践中，用简单的肢体语言来表现音乐。训练节奏感与身体动作的协调性，提高学生的音乐综合能力。

3. 音乐学科演唱模块

学习目标：

（1）能通过老师的教唱，熟练地将歌曲进行完整演唱。

（2）聆听及演唱歌曲，能够体会陕北方言在歌曲中的韵味。增强音乐学科核心素养中的审美感知能力，理解传统音乐文化的多样性。

4. 舞蹈学科——感受和体验安塞腰鼓舞蹈

（1）学生能感受和体验民族民间舞蹈的风格特点以及安塞腰鼓的动作要求；

（2）通过安塞腰鼓的服装和道具体会陕北民间原生态歌舞艺术形式，最大程度营造一种真实的艺术情境。展现了陕北民间艺术文化的真实场景。

（三）关于本节课融合创新的分析

1.《安塞风·腰鼓情》这节课采用了一种特殊的单元教学法。在平常情况下，一位音乐教师可能花费四到五节课甚至更多课时，通过更多的老师，在同一空间平面下，不用担心存在干扰，甚至存在干扰是更真实的。这代表是真实的艺术实践，本身也是真实的陕北民间音乐文化。通过以前拉长时间和空间的方式完成的一个单元，现在集中到一个空间，用空间来换时间，这样的一种音乐单元教学。虽说不常见，但它的实际教学效果非常明显。

2. 学生被指导的机会更多，这节课在同一空间把每个老师的长项都发挥了出来，擅长欣赏的老师去教欣赏，擅长演唱的老师去教演唱，擅长舞蹈的老师去教跳舞。学生在这种情况下得到的指导是高水平的，学生们得到指导的机会更多。

3. 将音乐的三个模块和舞蹈教学有机融合在一起，在模块的顺序上，我们将各个环节随机分配，但各个模块之间相互存在着非常强的互补性，实现了没有顺序的限制，孩子们先在哪里开始都能最终达成这节课的教学目的。值得一提的就是我们在这节课中还设立了课堂主持人，这是实现模块转动的重要纽带和桥梁。当这节课处于"合"的状态时，就是课堂主持人整体控制，当这节课处于"分"的状态时，就是各个模块的授课教师的主阵地了，分合相互，走动旋转。

4. 另外我们在本节课中还设立了新的评价模式——师评、学生自评、互评三种评价模式并行的立体评价模式。音乐组老师集聚智慧设计的评价表格，一改平时传统的表格形式，创新为能量充电的形式，让学生去填涂，最大程度去提高孩子们参与评价的积极性。

5. 本节课高度关注学生学情的调查工作，在本节课正式开始之前进行关于本节课的前期调查问卷以及基础知识前测，为正式教学做好铺垫。

6. 课堂结束之后还进行学生之间的互评和课后调查，课后调查我们采用数据采集形式，全面了解学生学习和获得的情况。通过大数据的采调精准显示出我们的学生对于这样的独特融创课程充满了期待。

7.《安塞风·腰鼓情》这是一节学习民族民间音乐艺术的课程，我们在设计这节课的时候尽可能地将民族元素贯穿整个课堂。例如：由我校书法老师亲自题写《安塞风·腰鼓情》课题；由民族乐器古筝来进行伴奏，这样就更能体现陕北民间小调的独特韵味！

（四）成长和收获

1. 更加深刻地认识到课程标准和核心素养对于教学的指引作用，并会在实际教学中有效运用；

2. 高强度的教研活动迫使老师们提高课程设计能力及教育教学水平；

3. 拓展了全新的教学思路和方式，既有破局新生，也有坚持；

4. 加强了组内集体备课的能力，集众人之所长、集众人之智慧。

学科融合和单元教学法是一个比较大的研究课题，目前我们只见到了一丝光亮，我们仅有的只是一些星星点点的创意，前面的路还很长，我们会秉承内心的向往，以燎原之势生长，希望每一次创新和尝试，都能奔赴成长！

第四章 聚焦项目化，赋能新成长

一、聚焦核心素养创新劳动课程

李婕 孟杨

2022 年 7 月 7 日教育部印发《大中小学劳动教育指导纲要（试行）》，要求全国大中小学开设劳动教育必修课程，落实《中共中央国务院关于全面加强新时代大中小学劳动教育的意见》，加快构建德智体美劳全面培养的教育体系，认真贯彻落实。随着时代的发展，我们更加注重培养学生适应 21 世纪社会所需的技能，激发孩子内在的想法，让学生们获得幸福感。其中的学科融合实践活动包括拓展训练（整理与收纳）、运动活动（清洁与卫生）、主题教育（烹饪与营养）等。

劳动课程的核心素养即劳动素养，是指学生在学习和实践过程中形成的正确价值观、必备品格和关键能力，适应个人终身发展和社会发展的需要。劳动教育是核心素养下素质教育中不可或缺的重要部分，它可以促使学生树立正确的劳动观点与态度，培养学生热爱劳动、勇于担当的优良作风。学生是课堂学习的主体，教师的一切教学行为都应围绕学生的"学"服务。所以在实际教学中，教师要客观分析学生的认知起点，教学要有针对性，做到详略得当，才能提高课堂学习的效率。为了更好地"学"和"提高效率"，我们针对一至六年级做了问卷调查，和学生们课下聊天总结出以下 6 点：

①关注兴趣需求，激发情感动力。

②关注知识需求，满足求知愿望。

③关注思维需求，促进思维发展。

④关注安全认知误区，避免造成隐患。

⑤关注解决问题的需求，提高生活实践能力。

⑥关注隐性需求，培养学生的劳动意识。

本案例结合劳动课程标准，以学段任务群为驱动、以烹饪与营养课程为例开展教学。

（一）案例正文

我们致力于让学生从生活中的真实需求出发，通过亲身体验、实际操作的方式，深入感受并完整体验劳动实践过程。基于这个理念，我们开启了一至六年级的"烹饪与营养"主题系列教学，以此为平台，引导学生实现更全面地成长。

1. 实施过程：

课前准备：让学生前期通过网络视频了解饺子的制作方法，并准备食材及工具。

活动过程：

（1）创设情境，导入新课。

（2）教师介绍饺子的文化内涵。

（3）教师讲解，学生实际操作。

初学阶段为第一学段，包括一至二年级的学生；随后是第二学段，包括三至四年级的学生；最后是第三学段，包括五至六年级的学生。这三个阶段的学生都要通过不懈努力才能在学业和生活中获得成功。在这项学习制作美食的旅程中，一至二年级学生仔细地挑选了新鲜的韭菜，并把它们洗净。三至四年级学生用塑料刀具，轻巧地将韭菜切成了大约1厘米的小段。五至六年级学生进行下一步的学习内容：炒鸡蛋。在淋上少量油的锅中，把打散的鸡蛋倒入，充分地搅拌成松软的鸡蛋糊。最后，将切好的韭菜放进锅中，和鸡蛋一起搅拌，制作韭菜鸡蛋饺子馅料。

老师将同学们分成若干组，每组围坐在一张摆满食材与工具的桌前，面粉、馅料、饺子皮、擀面杖等一应俱全。同学们紧跟老师的示范动作学习。

老师拿起一张擀好的饺子皮，轻轻托在掌心。另一只手用筷子夹起适量的馅料，置于饺子皮的中央。老师的拇指与食指默契配合，沿着饺子皮的边缘依次捏褶，褶子细密均匀，一个元宝般精致的饺子便成型了，稳稳地立在盘中。

示范完毕，轮到同学们大显身手。小组成员迅速分工，大家齐心协力合作，学会的同学手把手教不会如何用力、怎样收口的同学，同学们渐入佳境。有的小组创意迸发，包出了月牙饺、柳叶饺，甚至是带着花边的"公主饺"，不同形状的饺子在盘中排列整齐。

2. 成果展示

针对课堂参与度、课堂收获度、语言描述等方面对学生们进行简要采访，学生们表示这种学习方式更能让他们积极主动参与其中，收获更多，学生学习的成果也通过照片一一呈现。

图1 学习包饺子前期准备工作教学

学生们在探究美食文化的过程中，每一步都与生活紧密相连，拓宽了他们的视野。在说、学、练的过程中，学生不仅掌握了包饺子的基本方法和步骤，还培养了小组合作精神，展现了自我个性。这次活动让学生重新感悟了生活，也让他们更好地了解了饺子的文化内涵，呈现了较为理想的效果。教师针对烹饪与营养课程的不同学段，制订了"了解—参与—使用—制作"的递进目标。从仅仅了解到亲身参与，再到独立使用和掌握制作技巧，希望学生们能够逐渐掌握烹调的技艺，让美食在生活中呈现。学生们对这个部分有浓厚的兴趣，内心喜爱不已。从最基础的烹饪技巧开始，教师传授健康知识，在悉心指导下，培养学生营养搭配和健康饮食的意识，使其得以真正学以致用，熟练掌握生活本领。

在劳动课上，教师以引导为主，学生则以自主操作为主来进行学习活动。以前为了教知识而教知识，现在不仅是为了教知识而教学，也是聚焦于孩子的核心素养，为孩子的终身幸福而教学。

以前的劳动课相对随意，现在通过学习课标、拆解课标、规划学习，在课堂上，老师可以组织讨论活动，传授劳动知识，使孩子们了解如何在劳动中追求幸福感。坚持落实立德树人根本任务，强化劳动育人的价值引领。培养学生的劳动观念，引导学生树立正确的劳动价值观；充分发挥劳动课程独特育人价值的同时，注重挖掘劳动在树德、增智、强体、育美等方面的综合育人价值。

总之，劳动课程为学生的幸福生活赋能，可以极大地提高学生的素质教育，使他们不但拥有积极的心态，更能主动参与劳动实践，从而有效地提升他们的价值。学生在劳动中为自己、为他人服务，在劳动中成长，在劳动中感受幸福。

表 1 劳动成果评价表

劳动成果评价表			
劳动内容	**参与的项目**	**劳动时长**	**劳动表现**
择菜、洗菜（1–2 年级）			
使用调料调制馅料、煮水饺（3–4 年级）			
从择菜、洗菜到烹饪菜、装盘的完整过程（5–6 年级）			
劳动项目			
参与项目	**项目概述**		
劳动成果			
成果名称	**成果简介**		
劳动测评			
测评任务	**任务表现**		
阶段综合评价结果	□优秀□良好 □合格□不合格		

二、基于项目化学习的整本书阅读设计与实施

——以《红岩》为例

马芊芊

摘要： 在《红岩》整本书阅读中引入项目化学习，学生基于真实情境，以任务驱动的方式关联阅读与生活，借助团体合作，主动探究，形成解决问题的方案和可公开展示的多样化项目成果，同时，细化评价标准，辅以全程评价，以更好地落实核心知识，提升学生的阅读素养。

关键词： 项目化学习；整本书阅读；《红岩》

（一）聚焦项目背景

《义务教育语文课程标准(2022年版)》提出应立足学生核心素养发展，充分发挥语文课程育人功能，以识字与写字、阅读与鉴赏、表达与交流、梳理与探究等语文实践活动为主线，以学习主题为引领，以学习任务为载体，整合学习内容、情境、方法和资源等要素，设计语文学习任务群。

目前关于项目化学习的说法很多，综合各种研究成果，我们可以总结学科项目化学习的特征有：在真实的情境中设置驱动性问题；用项目化小组合作的方式开展学习；运用各种工具和资源促进问题解决；产生可以公开发表的成果。

笔者在项目化学习理论的指导下，在《红岩》整本书阅读教学中引入项目化学习，学生通过特定任务和活动，能在真实情境中，落实核心知识，提升阅读素养。

（二）着力项目设计与实施

1.真实情境，任务驱动

基于项目的学习,是为了解决真实情境发生的问题而进行的有意义的学习，因此要在《红岩》整本书阅读中设置一个能够关联学生阅读和生活的驱动性问题，驱动性问题是项目化学习的核心要素，只有明确了驱动性问题，才能保证整个项目活动的持续性和一致性，才会有持续性合作解决问题的动力和行动。

《红岩》整本书阅读的驱动性问题是：为了传承红色经典，推广《红岩》这本经典名著，廊坊华夏幸福学校要举办一场主题为"追寻英雄足迹，叩问生命意义"的展览会活动，假如你是策展人，会怎样举办这场展览会呢？

2. 团体合作，主动探究

项目化学习要打破教师规划、学生被动解决问题的惯例，要让学生在项目中培养关键能力，形成必备品格与价值观念，这就需要学生积极思考，主动探究，借助团体合作，形成解决问题的方案。

项目运作的主体是学生，学生要全程参与项目的设计，有充分的发言权和选择权，包括：在学习目标的引领下，明确具体任务和规划，组建分工明确的学习共同体，制定评价细则。以《红岩》的项目实践为例：

头脑风暴：在教师出示驱动性问题后，学生集思广益，思维碰撞——办好一场展览会需要设计哪些内容？

教师出示核心任务：了解作者作品情况；把握重要情节；挖掘人物形象，体会革命英雄的爱国精神和人格魅力，揭示"红色经典"的现实意义。

头脑风暴的结果：

（1）明确项目内容：展览会地点为教室，布置"人物档案墙""物件陈列区""红色诗歌诵""寄语心声区"四块展区。

（2）规划项目进程：教师明确阅读和项目活动的进程及时间节点，各展览区的项目目标和材料要求。

（3）组建项目小组：班级同学根据兴趣和特长，自由选择展区，根据各组子项目的项目目标，规划制作展板、视频、物件等成果，分配任务，完成展览区的布置。每个展区推选一位解说员，展示成果。

（4）初拟评价成果：绘制人物档案，制作英雄"遗物"，撰写讲述稿，现场口头讲述，诗歌诵，现场演讲及相应的评价量表，自我成果评价。

实践探究：学生根据计划步骤，通过阅读书籍，收集与项目相关的信息和材料，分析、整合、加工资料，最终形成项目成果。

备注：此项目活动为《红岩》整本书阅读的第二阶段，第一阶段为学生自读，通读文本阶段，在此，不做展开。

表 2 活动安排表

| | "追寻英雄足迹，叩问生命意义"展览会策展活动安排 |
驱动性问题	展区	活动内容	学生活动	设计指向
为了传承红色经典，推广《红岩》这本经典名著，廊坊华夏幸福学校要举办一场主题为"追寻英雄足迹，叩问生命意义"展览会活动，假如你是策展人，怎样举办这场展览会呢？	人物档案墙	绘制并展出渣滓洞和白公馆里地下党组织重要党员的人物档案	1. 小组讨论：选择人物（江姐、许云峰、成岗、华子良、刘思扬等） 2. 设计档案卡，内容包括：姓名、照片、籍贯、年龄、身份职务等基本信息，性格形象，人物事迹，结局以及经典语录等 3. 通读文本，筛选与对应人物相关的语段，关注人物描写及环境，多角度把握人物形象。 4. 绘制人物档案卡，并上墙，注意知识的准确性和卡片的审美性	深入体会小说塑造的人物形象，认识革命英雄
	物件陈列区	立足文本，陈列英雄的遗物，并由讲解员讲述关于英雄及物件背后的故事	1. 小组讨论：选择英雄遗物。 2. 跳读、精读《红岩》相关语段，关注细节，撰写讲述稿件：讲述该物件背后的故事以及展示它的原因。 3. 借助日常材料，"还原"该物件，制作实物以待展示	把握重要情节，品味细节描写，体认红色基因
	红色诗歌诵	立足文本，找出重复出现革命者吟诵诗歌的场景，通过角色扮演，进行真情演绎	1. 小组讨论：聚焦9/11/15章，细化红色诗歌诵的分工。 2. 摘抄革命者诗歌，研读关联情节，品读语言，关注情感表达及回环复沓的艺术手法，从而为真情演绎做准备。 3. 配乐、录制	运用角色体验策略，深刻领会革命英雄的革命精神，体会红色经典的特色与亮点
	寄语心声区	结合当下，自选话题，展露阅读《红岩》后的心声	1. 小组讨论：碰撞选题。可参考："红岩精神""新时代红岩式人物""红岩精神的现实意义"…… 2. 锤炼语言，撰写讲稿。 3. 公开演讲，寄语心声	将阅读体验与真实生活建立联系，由感性阅读进阶为理性表达

3. 强化评价，细化标准

传统阅读中，教师关注更多的是结果导向的总结性评价，衡量学生整本书阅读成果的方式大多是对低阶的基础知识和基础技能的测验和纸笔测试评价，这是必须的，但也不能忽视项目化学习中要同时运用过程性评价。评价目标也要丰富，可以针对核心知识、认知策略、学习实践以及对驱动性问题的回应进行。评价者也由以往单一的教师评价变为学生自己、同伴、教师以及其他涉及的公众等的协同评价。

在多元评价中，运用最多的就是量规评价，它可以细化不同维度的评价标准，同时评价量规的使用，也是同伴间进行社会性互动的实践方式。以《红岩》项目化展览会活动中"物件陈列区"的策展评价量表为例：

表 3 评价量表

评价内容	物件陈列区的策展成果		
评价项目／维度	初级	良好	优秀
英雄遗物陈列	1. 至少陈列 3 件遗物，基本再现文本中"遗物"的样子	1. 在初级的基础上，"遗物"细节真实。 2. 陈列区规范、美观	1. 在良好的基础上，"遗物"选择出自重要情节，且能蕴藏英雄人物的精神品质。 2. 小组成员分工明确，都有贡献
讲解员的现场讲述	1. 语言表达不连贯、有卡顿。 2. 讲解生硬、紧张。 3. "遗物"背后的故事讲述不明白、不动情	1. 语言表达流畅、自然。 2. 讲解落落大方，与观众有眼神交流。 3. "遗物"背后的故事讲述明白、生动，并交代选择这件"遗物"陈列的原因	1. 语言表达富有逻辑，让观众感受舒适。 2. 讲解优雅、得体，与观众有恰到好处的互动。 3. 通过讲述"遗物"选择原因以及背后的故事，让观众对英雄人物生发敬佩等情感

4. 成果多样，公开展示

项目成果应体现高阶思维，是理解核心概念的结果。仅仅由思维导图、读后感、人物小传等侧重"写作"成果的产品就未免单调，在项目化学习过程中可开发形成多样性成果，尤其是产出更多情境化的成果，一类是制作类或表现类的成果，一类是用来说明产品设计理念与过程的解释说明类成果；同时，为了监测个体的学习质量以及团队的进展，要包含个人成果和团队成果。以《红岩》项目化阅读产出成果为例：

表 4 成果表

对应展区	制作表现类成果	解释说明类成果
人物档案墙	个人成果：人物档案卡 团队成果：人物档案墙布置	个人成果：向参展的老师、同学介绍档案墙策划过程
物件陈列区	个人成果：讲述稿 团队成果：英雄"遗物"陈列	个人成果：讲解员在展览会现场进行口头讲述
红色诗歌诵	个人成果：诗歌诵	团队成果：班级电教诗歌诵视频展播
寄语心声区	个人成果：演讲稿	团队成果：现场展示组内不同选题的讲演，形成思辨场

整本书阅读学习任务群属于六大学习任务群之一，《义务教育语文课程标准（2022 年版）》之所以用学习任务群的方式组织课程内容，是为了促进教与学方式的真正变革。教师在整本书阅读课程的实施中，应根据学习目标、书籍特质以及学情等特点，精心设计项目式活动。如果整合得力，学生就能在参与富有驱动性的任务活动中，通过自主阅读、团体合作探究等实践开发出"产品"，从而将知识内化为能力，在情境体验中提升素养。

参考文献

［1］中华人民共和国教育部．义务教育语文课程标准 (2022 年版)[S]. 北京：北京师范大学出版社，2022.

［2］夏雪梅．项目化学习设计：学习素养视角下的国际与本土实践 [M]. 北京：教育科学出版社，2021.

三、项目化学习，让学生在实践中探索生命的奥秘

赵贺靖

摘要： 2022年4月，随着《义务教育生物学课程标准（2022年版）》的颁布，新课标为义务教育阶段生物学课程改革提供了目标导向、课程内容、实施建议，其中，将项目化学习引入初中生物教学符合新课标下生物核心素养的培养要求，通过开展项目化学习，设计并实施与学科知识相结合的综合实践活动，可以发挥学生的主观能动性，在实际体验中激发出学生的想象力和创造力，让学生在做中学，从而提高实践技能和自主学习能力。基于此，廊坊华夏幸福学校初中生物学教师进行了项目化学习的积极探索，开展了一系列综合实践活动。

关键词： 项目化；生物核心素养；综合实践；自主学习

（一）背景

项目化学习是一种以项目作为学习和探究的基本单位，能够很好地调动学生学习的积极性和主动性，开展项目式学习对学生的全面发展以及初中生物教学提质增效都有着重要意义。自然生态生命教育是我校的育人特色之一，结合我校现有社会、人力资源，综合考虑学生具体情况。我校开展的生物学项目化学习以课标和教材为基础，以学科概念为线索，聚焦学科核心知识，将知识融入综合实践活动中，让学生在解决问题的过程中学习知识并发现规律，从而实现深度学习，提升学科核心素养，使学科与社会生活产生联系并得到拓展。

（二）项目主题确定

基于以上背景，笔者在带领学生学习北师大版初中生物学七年级上册第三单元"生物圈中的绿色植物"时，设计了"植物的生活"项目化学习主题，本主题是生物新课标中第四个学习主题，其对应的大概念为"植物有自己的生命周期，可以制造有机物，直接或间接地为其他生物提供食物，参与生物圈中的水循环，并维持碳氧平衡"。

（三）项目实施

1.确定学习目标，组织项目内容

基于对课标概念的梳理，确定项目的核心知识、学习目标、关键问题，并

对开展的学习活动、如何评价进行了设计（见表5）。

表5 "植物的生活"项目化学习设计

核心知识	学习目标	关键问题	项目化学习活动	学习评价
①绿色开花植物的生命周期包括种子萌发、生长、开花、结果与死亡等阶段。②植物通过吸收、运输和蒸腾作用等生理活动，获取养分，进行物质运输，参与生物圈中的水循环。③植物通过光合作用和呼吸作用获得生命活动必需的物质和能量，有助于维持生物圈中的碳氧平衡	①识别和描述种子、根尖、芽、叶片、花的结构与功能，以及花与果实在发育上的联系，通过绘图或模型等形式呈现各个结构的特点。②运用植物光合作用、呼吸作用、蒸腾作用等方面的知识，解释生产生活中的相关现象。③从物质循环与能量变化的角度，阐明植物在生物圈中的作用。④设计单一变量的实验，探究关于植物生活的影响因素	植物是如何从一粒种子长成一棵小苗，并成长为一株成熟植物的？子问题①：植物的器官如种子、花等结构都是怎样的？不同植物的器官结构都相同吗？子问题②：植物生长需要哪些条件？子问题③：日常生活中怎样才能提高作物的产量	项目任务：制作"植物的生活"纪录片。子项目①："植物的器官"子项目②："植物的生长"子项目③："植物与生产生活"	①过程性评价（实验报告单、观察记录表、小组分工合作研讨记录等）②自评与互评（团队协作能力、小组作品展出评比等）③表现性任务评价（植物器官结构图、植物生长过程图、纪录片展示评价等）

2. 设定项目相关活动规划

本项目的主要问题是探究植物是如何从一粒种子长成一株小苗，并成长为一株成熟的植物的。由此又细分了三个子问题，进而设计出本项目的三个主要学习活动。

子项目①："植物的器官"。项目要求观察并解剖植物的种子、花等器官，绘制结构图，制作植物器官模型或观察视频。通过对植物的种子、花、果实等器官的实际观察和探索，完成"识别和描述种子、根尖、芽、叶片、花的结构与功能，以及花与果实在发育上的联系"的学习目标。让学生进一步理解植物的生命活动和结构特征，形成正确的生命观念。

子项目②："植物的生长"。设计单一变量实验，进行植物栽培（可进行水培），记录植物生长情况。绘制或录制植物生长过程，归纳总结植物生长的主要影响因素。通过设计实验，培养学生实事求是的科学精神。

子项目③："植物与生产生活"。本项目与学校"植物种子节"活动相结合，邀请中科院、中国农业大学科学家参与，包含"科学家进校园"主题科普讲座等活动，学生在学校种植园进行作物栽培，全程参与，定期记录，并针对种植和养护过程中出现的问题进行分析，从实际出发，总结和提炼提高作物产量的办法。此项目是一个持续时间较长，需要学生全程耐心参与并投入实际生产的实践活动，不仅可以让学生体验种植的乐趣，也可以让学生在种植中提升探究实践能力，种植过程会出现很多不确定因素，学生在实际生产中体会种植的不易，从而更加珍惜粮食，树立正确的价值观。

学生通过各项目的实践活动，完成制作"植物的生活"纪录片的要求，进行展出和评比，筛选优秀作品进行推广。

3. 设计评价方案

本项目最终成果将以"植物的生活"纪录片形式展示，活动过程中学生可自由分组，以小组形式完成任务。评价体系如下：

①过程性评价，如实验报告单、观察记录表、小组分工合作研讨记录等，将对材料进行审核、评分，并进行公示。

②自评与互评，如团队协作能力、小组作品展出评比等，根据学生评选进行评分并公示。

③表现性任务评价，如植物器官结构图、植物生长过程图、纪录片展示评价等，进行投票评选。

最后综合上述评价过程的评分确定"最具创意奖""最佳纪录片""最优活动小组"等奖项，进行颁奖鼓励。

（四）项目成果及反思

"植物的生活"项目通过各实践活动让学生对植物有了更系统地认知，有助于学生生命观念的建立和科学思维的养成，结合学校种植园实地种植、"科学家进校园"专家指导等内容，拓宽了学生的视野，同时也让学生在实际生产中体会到了劳动的光荣，形成正确的价值观。

对学生而言，这是一次充满新鲜感的尝试，对教师而言，这是一次教育教学理念的革新，探索的道路还很长，我们期望站在现实的基础上，用项目化学习和实践活动来调整学习计划，帮助学生不断提高学习能力，更好地迎接未来的挑战。

参考文献

[1] 中华人民共和国教育部 . 义务教育生物学课程标准（2022 年版）[S]. 北京：北京师范大学出版社 . 2022.

四、指向素养培育的项目式课程探究

——《古法造纸遇上非遗》让非遗"活"起来

冀婷婷

摘要：《义务教育艺术课程标准（2022年版）》的颁布突出了美育的重要性，强调了中华民族的精神命脉——中华优秀传统文化的传承与发展。教师在《古法造纸遇上非遗》美术课堂实践中以艺术实践为基础，以任务学习为抓手，使内容体系有机整合、内在衔接，引导学生在艺术实践应用中进行"综合＋实践"的交叉与整合，让学生成为学习的主人，更好地展现学生在艺术课程熏陶下的综合育人价值及"非遗"传统文化的传承与创新。课程运用项目化教学方法，培养学生项目式思维、创造真实情境、解决真实问题的能力，使学生拥有全局观和目标感，运用高阶思维将跨学科知识与非物质文化遗产巧妙结合，推动核心素养落地，助力学生综合能力的提高。

关键词：艺术课程标准；核心素养；"非遗"传统文化；项目化

中华优秀传统文化承载着民族记忆和民族精神，是我们增强文化自觉、坚定文化自信的强大底气。如何"扣好人生第一粒扣子"，优秀传统文化的浸润和滋养尤为重要，在课程实践探索中运用项目化驱动导向，让优秀传统文化照亮学生的成长之路，一方面守正创新，另一方面循循善诱，引导学生感悟中华文化之美；让学习探究真实发生，在核心素养导向下，将优秀传统文化根植于心，激发文化觉醒，实现立德树人。

（一）核心素养背景下项目化课堂价值探究

1. 价值引领下的课程生成

"古法造纸"课程是一门聚焦核心素养，落实课程标准的学校特色选修课程。新课标强调引导学生全面而有个性地发展，更加明确了落实立德树人的根本任务，将课程与新课标结合，带领学生全面发展的同时，落实美育"营养基"指向幸福教育，拥有快乐。

"古法造纸"课程将五育融合到项目式学习中，不断挖掘育人成长目标。通过校园生活的真实驱动性问题，探索实践解决问题。提升学生认识美、理解美、欣赏美、创作美的美育能力，最终可以使学生创意改造生活，美化生活，赋能成果价值。

该节课的生成能够激发学生对"古法造纸"的学习兴趣，培养学生对"非遗"的探索精神，树立学生的爱国之情；锻炼学生提出问题、解决问题的能力以及逻辑思维能力和动手能力。

2. 主题项目化课程设计及实施

"古法造纸遇上非遗"课程是"古法造纸"特色课程中的第十四节课，该节课建立在前期"造纸文化""造纸工艺""肌理创作"""非遗'团扇"课程基础之上。整堂课程采用项目式驱动教学方法，通过感受、体验、实践、合作探究、多元评价等层级递进式活动方式，完成最终任务目标，实现教学评一体化。

"古法造纸遇上非遗"课程从以下几个方面进行教学：环保再生、团扇创新、地域"非遗"。

（1）环保再生，生态探索

生活中难免会有许多纸张被浪费的情况。我国所提倡的是"节俭"美德教育，所以将看似已经没有利用价值的纸张通过古法造纸艺术手段进行二次利用是很好的一次环保性、节俭性、可循环性理念的设计；反复再利用，创造新的艺术价值。

（2）团扇创新，改造创新

古法造纸是世界级非遗造纸术的创新，团扇作为中国的非遗，两者均含有"非遗"的价值。联合国教科文组织曾说过"非遗怎样保护与传承"的问题。在今天，如果还能够改善人们的生活，将非遗传承下去，本节课其中一个内容就是利用古法造纸创新将团扇"非遗"传承下去，形成新的艺术品，美化生活、陶冶心情，应用于美育。

（3）地域"非遗"，拥抱世界

柳编，作为固安地域文化，有着很强的地域代表性，也是中国非物质文化遗产项目，能够体现出地域元素多视角注入创新理念与动手实践能力，运用现代化手段将地域文化、国家文化推向全世界。

3. 课程目标及框架

将项目化学习纳入课程框架。以综合实践活动作为项目化学习探究的主阵地与平台，在学科项目和跨学科项目中，以国家课程作为依托，以自主特色课程作为载体，聚焦国家课程教材和项目化学习相融合。

"古法造纸遇上非遗"课程授课年级是三至六年级。基于美术核心素养，不仅引导低段学生对创意生活理念的培育，对高段学生起到了创新美化生活的深入思考。创意改造、美化"非遗"，改进生活、体现生活、美化生活，进而形成艺术素养。学习目标定位在通过真实实践解决废旧纸张循环利用，并在"非遗"媒介上创作赋予新的艺术价值，最终应用于生活、美化生活。

	授课主题	学生学习目标
一	"造纸文化"	了解传统古法造纸悠久的文化历史
二	"造纸工艺（上）"	对传统古法造纸制作步骤、环境、发展应用及对后世影响有初步认识
三	"造纸工艺（下）"	体验创新古法造纸制作工艺
四	"古法造纸体验（上）"	学会运用古法造纸技艺制作纸张
五	"古法造纸体验（下）"	学会运用创新造纸技艺制作有颜色的花瓣纸
六	"肌理创作"	学会在半干纸张上进行肌理创作
七	"十二生肖（上）"	了解我国十二生肖传统文化，在纸艺圆盘上绘制生肖图案并制作相关生肖纸浆
八	"十二生肖（上）"	运用肌理效果创意创作生肖作品
九	"非遗团扇（上）"	对"非遗"有初步认识，了解风景园林中的植被特点，在团扇上绘制植被
十	"非遗团扇（中）"	运用地域气候知识制作主题纸浆
十一	"非遗团扇（下）"	学会在团扇上进行渐变创作
十二	"古法造纸遇上非遗（上）"	绘制校园文化主题图案（结合团扇造型）
十三	"古法造纸遇上非遗（中）"	利用所学知识制作主题纸浆
十四	"古法造纸遇上非遗（下）"	认识柳编特性并进行肌理制作创作；提高审美力并拥有改造生活、美化生活的创作能力；传承"非遗"文化

图 2 课程框架及目标

（二）核心素养背景下项目驱动型课堂的实施路径

1. 项目驱动性问题生成，激发好奇与主动

项目设计与实施需要依托课程标准和单元教学内容，部分课程汇总需要单课教学内容的关键概念和核心能力，利用项目驱动，促使学习真实发生。基于此，《古法造纸遇上非遗》课程主导学生的一切学习内容都是以项目为主轴而架构。激发学生的好奇心、想象力，通过玩水、撕纸、染色使学生自主探索出非物质文化遗产传统文化中新的艺术价值，从而改变生活、美化生活。

2. 学习自主，坚持以学生为中心

项目驱动性问题具有真实性、新颖性、挑战性，而且每项子任务切口较小，通过子任务目标的完成探究，便于学生理解该项目的学习任务。项目式问题的设计都在提炼核心知识的基础上，与学生自身、非物质文化遗产产生联系，涌现出主动探索的内动力，让学生在自主探索后获得成功的体验。

3. 构架情境，建立联系的心智

基于课标及学情分析，有计划地开展学习活动。难度适当，在项目实施过程中，鼓励学生借助科研力量、金融知识，通过创设"非遗柳编特点""媒介采买""笔下生花"的研究、探索、实践三个学习情境，建立各种联系。

在"实践—探究—实践"的过程中，做好项目的顶层设计、建立核心团队、推动项目立项、强化团队责任意识等教学实践研究，聚焦项目化学习的各个环节，构架真实情境及问题，开展深入探究，并懂得学以致用；同时可以培养学生的批判性思维、解决问题能力、团队合作能力、创造力以及沟通交流能力。

课程力求指向核心知识的再建构，在创作过程中创建真实的驱动性问题和成果，用高阶学习带动低阶学习，将素养转化为持续的学习实践，让"非遗"传统文化在童心、同力的创意创造下焕发新的光彩，增进学生的自信。

4. 成果固化，尊重个性化发展

中华优秀传统文化是中华民族的历史记忆和文化自信的源泉，能够更好地带领学生认知和理解自己的民族身份，增强文化自信，铸就赓续绵延的历史文化传承意识。"古法造纸遇上非遗"美术课堂实践中以艺术实践为基础，以任务学习为抓手，有机整合、内在衔接一体化内容体系，引导学生在艺术实践应用中进行"综合＋实践"的交叉与整合，让学生成为学习的主人，更好地展现学生在艺术课程熏陶下的综合育人价值及"非遗"传统文化的传承与创新。

在与传统文化交流过程中，尊重学生的自主性与个性发展。通过项目化学

习最终将纸艺与非遗——团扇、柳编多种材料结合，诞生新艺术品，其中蕴含学生的个性化差异。成果固化，且具备改造创新生活、美化生活的多维度艺术价值。学会读书做事是阶段性目标，学会做人才是最终目的。

5.合作探究，多元评价

实践活动力求为学生搭建创生艺术价值平台，让学生寻找生活中的废纸张，通过造纸、主题确定、设计图绘制的阶段目标，培养学生的合作创新思维。

"古法造纸遇上非遗"课程承载着衔接历史与创新未来的使命，项目式驱动匠心手造课程推动着中华优秀传统文化创造性转化、创新性发展，将优秀传统文化创新凝结于核心素养导向的课程中，以文培元、凝心铸魂，通过创意改造、美化"非遗"，改进生活、体现生活、美化生活进而培养学生形成艺术素养，为中华优秀传统文化自信筑基，通过课程搭建及孩子们的智慧与双手，让非遗"活"起来！

幸福成长				
组别		主题		成员
评价内容	评价结果			备注
	厚积薄发	激流勇进	幸福绽放	
课前准备情况				1.纸浆、工具是否准备齐全 2.资料查阅是否完成且详细 3.精神面貌良好
课堂表现情况				1.积极回答问题 2.参与小组讨论 3.互相尊重倾听，团队协作 4.有良好创意 5.记录是否及时
作品完成程度及分工				1.分工完成创作 2.作品制作共同参与 3.制作出肌理效果 4.规范绘制创作顺序
综合评价				依据课堂整体表现进行综合品评
注：1.评价结果分为"厚积薄发""激流勇进""幸福绽放"三个进阶式评价，虽为进阶式评价但设计采用色彩三原色为底蕴，均为激励学生综合素质提高，实力不断提升，带来激励的同时还原学生本真内心。 　　2.评价方式：直接在相对应的"评价结果"下方打"√"即可。				

表6 "幸福成长"评价单

参考文献

[1] 中华人民共和国教育部 . 义务教育艺术课程标准（2022 年版）[S]. 北京：北京师范大学出版社，2022.

[2] 亓逸晨 . 中华优秀传统文化融入设计学专业教学体系的探索 [J]. 美术教育研究，2023（10）：131–133.

[3] 隋斌，张正尧，王晓鸣 . 传承弘扬中华优秀传统文化的成功实践——以二十四节气为例 [J]. 古今农业，2020（4）：1–7.

[4] 余文森 . 核心素养导向的课堂教学 [M]. 上海：上海教育出版社 . 2017.

[5] 贾宗薇 . 项目化学习：走向深度学习的小学美术教学实践研究 [J]. 全国优秀作文选 (教师教育)，2023（2）：48–49.

五、基于新课改背景下的小学数学小组合作学习有效性探究

于丽雪

摘要： 小组合作学习是新课改倡导的重要学习形式，应不断追求新价值，完成新使命。然而，部分课堂的小组合作学习仍存在着表层或表演的现象，分组形式、评价模式单一。本文以小学数学课堂为例，通过对小组合作学习路径的优化探究，提升小组合作学习的有效性，助力学生的全面发展。

关键词： 小学数学；小组合作；有效性

（一）新课改背景下小学数学小组合作学习的重要价值

《义务教育数学课程标准(2022年版)》中明确指出，学生的学习是一个主动的过程，学生自主探究后在小组内开展合作交流是学习数学的重要方式。小组合作学习作为契合新课改理念的新型学习模式，促进了课堂教学的改革与创新。它的优势体现在：其一，改变传统"灌输式"的课堂教学方式，借助合作交流凸显学生在学习中的主体地位。以小组的综合表现，作为小组等级评定的重要依据，借助团队向心力，激发学生学习的内驱力。其二，有利于学生的全面发展，信息时代，教育必须发展人的潜能，提高学生的综合能力。小组合作学习借助组内成员的交流、研讨，在合作探究的过程中解决问题，培养学生的合作能力、数学思维能力和人际交往能力，促进学生数学核心素养的提升，培养适应未来社会发展的人。

（二）优化小学数学小组合作学习的有效路径

1.合理分组——打造学习共同体

合理的分组是小组合作学习的前提。首先，教师应在组内异质、组间同质原则的基础上根据学生的学习能力、组织能力、动手能力和性格特点进行分组，小组的人数应控制在4~6人，太多不易管理，太少不能集思广益。其次，确立小组文化。小组文化的不断确立是提升小组凝聚力和认同感的重要手段。如确定组名（乘风破浪组、追光吧少年组、王炸组）、设置组徽（阳光下苗壮成长的幼苗，风雨里勇往直前的帆船）等，以此会极大地激发孩子们为组名、组徽

荣誉而战的学习积极性。

2. 明确目标——借助学习单精准定位

明确小组合作目标是有效开展小组合作的基础，教师可借助学习单帮助学生精确定位合作目标（学习单中可包含"我的目标、我的研究、组内过关、课堂练习"这四个内容），设计的过程可从以下四个原则着手："我的目标"设计要从教学目标转向学习目标，"我的研究"要体现由方便教转向利于学，"组内过关"要由评判转为自测，"课堂练习"要由单一题型转为进阶式训练。在精心设计学习单的基础上，为了更好地发挥学习单的价值，教师还可以教学生完成学习单的小妙招，如我的目标会圈画（圈画关键词）、我的目标会标注（标注重难点，会根据重难点提出困扰自己的问题）、我的研究会对标（对照目标和重难点）、我的研究会贯通（主动构建知识之间的联系），引导学生在明确合作目标的前提下，更好地发挥小组合作学习的有效性。

3. 组长辐射——培养责任意识

责任意识是小组合作学习顺利开展的关键。教师可不定期开展对组长组织学习、组内协调等能力的培训，用组长带动组员进步，以组员成长助力小组全面发展。如在组织学习能力的培养上，假如你是组长，你觉得组员哪里需要提升？你安排好谁来回答这个问题了吗？说说理由？小博是小组长，在他的学习单"我的研究"旁边总有很多手写字迹，@宋天一判断谁是单位一？（因为他曾判断错单位一）；@王华你还有别的方法吗？（王华在得到一种方法后就不会再思考另一种方法），我们会惊奇地发现，当一个班集体被划分成小组，小组长对组员的了解和研究比老师更透彻。此外，教师应适时、适当地引导全体学生明确小组内各角色的职责。

4. 评价跟进——实现教学评一体化

教学评一体化是小组合作学习有效开展的重要保障。在开展小组合作学习时，教师不能只是持等待、观望的态度，而是需要通过组间巡视，了解各组合作情况，当小组讨论偏离主题时要及时纠正，将学生引回任务中来；当讨论受阻时，要及时给予点拨或提示；当小组提前完成任务时，应查看他们是否正确完成，在有限的课堂时间内保证各组合作学习的有效性。此外，评价要做到视角多样化、具体化。如采取教师评价、小组互评或组员互评等多种方式，用丰富、具体、有针对性的评价语言进行评价。通过教师具体、细致的评价可以更好地强化学生优质的表现。通过教学评一体化促进小组合作学习的有效开展，发展学生的数学核心素养。

（二）结语

小组合作学习作为一种新型且有效的学习方式，为学生合作能力、思维能力、创新能力、交流能力的发展提供了平台，教师应不断探索促进小组合作学习有效性的方式，借助小组合作学习培养学生团队协作的意识、合作探究的能力、交流表达的能力，促进学生数学核心素养的发展。

参考文献

[1] 中华人民共和国教育部 . 义务教育数学课程标准（2022 年版）[S]. 北京：北京师范大学出版社，2022.

[2] 涂敏 . 小学数学课堂合作学习中的问题诊断研究 [D]. 南充：西华师范大学，2016：42.

[3] 王海燕 . 采取小组合作学习模式进行分组教学的新尝试 [J]. 现代交际，2017（22）：174.

[4] 胡庆芳，杨翠蓉，等 . 有效小组合作的 22 个案例 [M]. 上海：华东师范大学出版社，2015.

六、火箭为什么能飞？

王建莉

（一）整体设计思路、指导依据说明

近年，我国航天事业取得举世瞩目的成就。在浩瀚星空与蓝色地球之间，"天宫"缓缓飞行，中华儿女漫步太空，自信的身影映照着人类科技的光辉。

在"双减"政策的课程改革下，为提升学生的科学素养，推进素质教育的实施，培养学生树立崇高的科学精神和爱国主义精神，在马熙玲校长的带领下，学校盘活多种资源，依托固安航空航天城区域优势，我校开展了"火箭少年工程师"这门课程，搭建学校科技教育平台，普及科学知识，从而真正地培养出一大批创新型青年人才。

（二）课程介绍

"火箭少年工程师"是根据新时期航天人才培养需求结合素质教育要求和方法，联合多位航天科普专家和教育专家开发的航天科技素质教育核心课程。课程以火箭为抓手，系统讲授火箭的工作原理和用途。通过小组活动、实际操作配套专属器材、参与完成火箭设计、制作与发射全过程，培养学生的动手能力、团队协作能力，培养形成初步的工程经验，学会使用航天系统工程方法去分析问题与解决问题，培育正确的科技观与远大的理想，为祖国航天事业发展培养接班人。

本课程主要包括：基础篇——火箭的原理与应用；进阶篇——火箭的组成与发射；实战篇——火箭的设计与试验。

兴趣与教学相结合，将特色课程和学科知识有机融合是这门课程的一大亮点。我们采用讲授加实验的方法，双路突破理论难点。利用多媒体教学，全方位向学生展现火箭的原理知识，并让学生利用所学知识制作火箭的原理雏形——反作用力小车。培养学生获取信息的能力，鼓励学生在探索中学习，在讨论中明白道理，在合作中享受成功。并在每个学生心中播下"航天梦"的种子！

课程的另一大亮点就是专家与学科老师的联合授课模式，打破传统课堂的模式，由两位老师共同完成。我来完成学生理论知识部分的讲解，航天专家以更为专业的角度深层次讲解火箭原理和带领学生开展火箭模型的制作。强强联合，为学生打造更高效的课堂，并深入启发学生的物理思维，为将来的物理学习打下坚实基础。

（三）教学背景分析

1.教学内容分析

"火箭少年工程师"这门课程是根据新时期航天人才培养需求结合素质教育要求和方法，联合多位航天科普专家和教育专家开发的面向中小学生的航天科技素质教育核心课程，课程以人类开展航天活动的主要运载平台——火箭为抓手。旨在培养学生的兴趣爱好，搭建学校科技教育平台、普及科学知识，从而真正地培养出一批创新型青年人才。

"火箭为什么能飞"这节课主要分为理论讲解、原理应用、探索实操、总结提炼四个部分。帮助学生全面了解火箭升空的原理。

在理论讲解部分，先对前面的课程内容进行思维导图模式回顾，进而引发学生关于火箭为什么会飞上天的思考，激发学生的学习兴趣。通过手按桌面的体感实验来引出作用力与反作用力的理论知识讲解，向学生展示牛顿第三定律的内容。设计并开展小组活动讨论生活中的作用力与反作用力现象与应用，加深学生的理解，使学生具备一定的理论基础，同时也锻炼了学生的逻辑思维能力。

在原理应用环节，利用反作用力的理论知识，引导学生理解并解释火箭依靠反作用力的原理来升空，进而解释火箭发动机的工作原理，拓宽学生的知识面。

探索实操环节，学生动手操作，组装制作简易火箭模型并进行展示交流。

总结提炼环节，由学生总结火箭为什么能飞以及让火箭飞得更快更远的方法。

通过本堂课的教学，能够激发学生的学习兴趣，培养学生的科学探索精神，锻炼学生提出问题、解决问题的能力以及逻辑思维能力和动手能力，同时在学生心中种下一颗航天梦的种子，为学生未来的发展作指引，也为我国科技人才储备做基础。

2.学生情况分析

本节课授课对象为七年级学生，这部分学生对新鲜事物充满好奇心与求知欲，所以火箭的相关内容很容易激发起他们的学习兴趣。从知识储备角度分析，该部分学生已经具备了一定的理科逻辑思维、解决问题能力、动手操作能力。但七年级学生并未接触物理课程，对本次课程中涉及的牛顿第三定律内容存在认知障碍，所以我将从生活小实验入手，让学生直观地接触到作用力与反作用力，从而解决学生知识储备不足的问题。

课程内容将为学生的物理学习打下坚实的兴趣与知识基础，有助于学生全面发展。

（四）教学目标分析

1. 知识目标：了解作用力与反作用力原理的基本内容，了解火箭动力来源及火箭发动机特点。

2. 能力目标：学会分析生活中物体相互作用的情况，具备开展科学探究活动的能力。

3. 素质目标：培养科学素养。

（五）教学重点、难点分析

教学重点：作用力与反作用力的认知

教学难点：利用反作用力知识理解火箭升空原理

（六）教学过程设计

表 7 教学设计

教师活动	学生活动
任务一：知识回顾，提出问题：火箭为什么能飞？（5分钟）	
带领学生回顾前几节课所学内容 播放火箭发射的视频 提出火箭为什么能飞上天的问题引发学生思考	填写思维导图，复习前几节课内容； 观看火箭发射视频； 思考火箭为什么能飞上天
活动意图说明： 引发学生关于火箭为什么会飞上天的思考，激发出学生的学习兴趣	
任务二：理论讲解：作用力与反作用力（15分钟）	

教师活动	学生活动
教师指导学生将手指按到桌子上，并不断增大手指的力度，感受手指受力情况 　　①手指给桌面压力，会感受到桌面反作用回来的力 　　②手指按桌面的力向下，桌面给手指的力向上 　　③手指向下按桌面的力越大，桌面反作用给手指的力也越大 　　④手指不用力，桌面给手指的力也消失了 　　教师结合体感小实验来讲解理论知识：作用力与反作用力。 　　两个物体间的作用力和反作用力总是大小相等，方向相反，作用在同一条直线上。  　　引出牛顿第三定律的内容，加深学生对反作用力的理解。 　　①力是物体间的相互作用。 　　②物体间的相互作用力总是成对出现。 　　③物体间相互作用力与运动状态无关。 　　④同时产生，同时变化，同时消失。	根据教师的指导，完成手指按压桌面活动，体验作用力与反作用力  　　根据教师的讲解内容理解什么是作用力，什么是反作用力

续表

教师活动	学生活动
通过划船的事例来帮助学生理解依靠反作用力可以促使物体运动。 　　引导学生进行小组活动：讨论反作用力在生活中的应用，并进行展示。 　　教师对学生讨论结果进行评价，肯定学生的思维能力同时及时指正学生存在的问题。 　　教师引导学生利用反作用力的应用来解释火箭能够飞上天的原因。并简单讲解火箭发动机的工作原理 	思考反作用力可以产生什么样的效果。 　　要求： ①说明相互作用的两个物体。 ②说明作用力与反作用力。 ③说明这组力的作用产生了什么效果。 ④时间3分钟，每组派代表展示。 　　理解火箭能够飞上天的原因，初步了解火箭发动机的工作原理

活动意图说明：通过手按桌面的体感实验来引出作用力与反作用力的理论知识讲解，向学生展示牛顿第三定律的内容。设计并开展小组活动讨论生活中的作用力与反作用力现象与应用，加深学生的理解，使学生具备一定的理论基础，同时也锻炼了学生的逻辑思维能力

任务三：小组合作进行反作用小车的组装（10分钟）

教师讲解反作用力小车模型的组装步骤和注意事项。 　　巡视各个组的活动情况，及时指导学生的操作过程并在学生操作过程中叮嘱学生注意安全	学生组内进行分工，结合老师讲解的步骤和注意事项进行作用力小车的组装，注意操作安全，避免受伤

活动意图说明：采用分组进行模式，锻炼学生的团队协作能力和沟通交流能力以及动手实践能力。在小组组装结束后进行成果展示、经验交流

续表

教师活动	学生活动
任务四：小组合作进行火箭模型的组装（10分钟）	
教师讲解火箭模型的组装步骤和注意事项。 　　巡视各个组的活动情况，及时指导学生的操作过程并在学生操作过程中叮嘱学生注意安全	学生组内进行分工，结合老师讲解的步骤和注意事项进行火箭的组装，注意操作安全，避免受伤
活动意图说明： 采用分组进行模式，锻炼学生的团队协作能力和沟通交流能力以及动手实践能力。在小组组装结束后进行成果展示、经验交流	

（七）感悟提升

阿基米德曾说过：给我一个支点，我可以撬动整个地球。如此说来，给孩子们一个创想空间，他们可以撬动整个太空！让我们一起跨越星辰大海，扬帆起航，逐梦九天。

"少年智则国智，少年富则国富，少年强则国强，少年进步则国进步。"相信随着课程的开展与学习，我们一定会达到课程预期中的培养"志向高远、素质全面、基础扎实、勇于创新"的时代新人的目标。

七、"核心素养"下高中美术社团课程探索与实践

张碧琪

"图像时代——拼贴"这一课，作为两个课时的社团课取得了较好的效果，欣喜于学生的学习成果，现将这一次课做一个总结。

《普通高中美术课程标准（2017年版，2020年修订版）》要求："高中的美术课程是艺术学习领域中的必修课，既与义务教育阶段美术课程衔接，又具有自身的特点。其根本任务是立德树人，以美育人，培育健康审美观念，陶冶高尚情操；认识文明成果，坚定文化自信，树立正确的文化观；激发想象力与创造力，培养创新精神，促进学生全面而有个性地发展。同时，帮助他们适应社会生活，为其接受高等教育、职业发展做准备。"因此，美术课程应展现时代特征，夯实基础，提供多样选择并注重知识关联，指导学生开展诸如观察、感受、体会、思索、钻研、创作以及评价等富有美术学科特征的学习实践，进而塑造美术学科核心素养，助力学生全方位成长。因此，美术课程应展现时代特征，夯实基础，提供多样选择并注重知识关联，指导学生开展诸如观察、感受、体会、思索、钻研、创作以及评价等富有美术学科特征的学习实践，进而塑造美术学科核心素养，助力学生全方位成长。

在这样的课标背景下，课程设计如何体现课标要求又能贴近学生的真实生活情景是我首先要考虑的，在这个基础上能为美术课堂知识做一些延伸，扩宽学生学习的广度，又能增强学生学习兴趣。任何一个艺术文化现象的产生和发展都离不开社会背景，我们回望现代艺术史的发展，都离不开科技发展和流行文化。随着信息技术的发展，人们进入了"图像时代"，每天受到大量视觉信息的冲击。无论是各种宣传海报、动漫形象、人工智能虚拟人物，还是各大电商平台的商品宣传、当代的流行文化、盲盒等艺术衍生品。显而易见，现在的青少年受这个时代的影响更深。眼花缭乱的视觉形象丰富了我们的生活，也存在着一定的负面影响。在青少年审美价值判断形成的关键时期，如何培养学生的视觉能力和审美能力，进一步形成价值判断，从而能够在大量的视觉信息中分析其文化内涵及价值是美术课堂应该担起的责任。

（一）关于教学目标

"图像时代"视觉文化已经成为美术教育研究中一个新的重要研究课题。视觉文化发展在美术教育中有着独特影响力。经过梳理，本次课程设计应该体现以下两个方面：一是拓宽学生的美术学习视野，激发其兴趣，引领他们主动探索视觉文化领域；二是培养学生的批判性思维，使其明白视觉文化蕴含的文化与视觉意义，最终使学生意识到艺术需要积极地融入社会环境，进而充实他们在视觉、触觉及审美等方面的体验，提升其艺术素养和综合感知能力，使其更好地理解和塑造周围的世界。

拼贴艺术起源于立体派艺术家勃拉克和毕加索，通过将已有的作品进行拆分、重组，形成另一件崭新的艺术作品。受毕加索和勃拉克的影响，达达主义者将更多的材料纳入他们的拼贴画中，比如门票、杂志剪报、糖果包装纸等融入作品中，挑战了对艺术的传统认知。波普艺术家汉密尔顿创作出《是什么让今天的家庭如此不同》拼贴作品，让波普艺术成为全球化的艺术现象并影响至今。以上都表达了艺术家们对于大众传媒、消费主义以及具体形象的关注，艺术家们大胆而引人深入的图像，鼓励了人们思考社会、政治环境的发展和艺术之间的相互影响。而拼贴这一艺术形式正是将视觉形象进行解构、分析、思考的过程。

（二）关于学习情境

情境创设最直接的作用就是将学生迅速带入课堂学习环境，美术课堂中的学习情境应体现以学生为主体。我在课堂导入的过程中直接由问题导入，问学生："在学习之余都会做什么，和你的朋友之间都会聊什么？"学生情绪很是高涨，纷纷回答："看动漫、追星、逛街、买球鞋、看电影等。"我又问："大家有没有思考过，是什么让你们喜欢这些东西？"不出所料，学生说："好看！"我接着问："大家有没有思考过，这些好看的东西遵循着什么样的视觉原则？背后又代表着什么样的文化现象？"学生纷纷陷入了思考。问题情境是核心素养的重要特征，情境的创设有利于培养学生发现问题、认识问题、分析问题的能力，以及在复杂的实际环境中解决问题的能力，从而提高学生的美术学科素养。

（三）关于教学内容与手段

带着上一个环节的问题，我们一起学习了这些视觉形象背后的文化现象，也学习了早在70年前就有艺术家对于充斥着我们生活的艺术现象用视觉手段做出了思考——那就是借助"拼贴"这一艺术手段对流行文化进行了发问并表达了自己的观点：如何在纷繁复杂的视觉文化现象中保持正确的审美观点和价值判断。我通过各种图片和视频为同学们列举大量案例，启发学生创造性思维。并提问：你能不能在大量的视觉素材里筛选出对你有触动的形象，创作一幅拼贴作品，并通过拆分重组来表达观点和对事件的看法？

在学生创作环节，我为学生提供了照片、杂志图片、动漫形象、花卉植物、环境等供学生选择，这些现有的形象不仅是生活中常见的，并且可以很好地弥补学生在造型能力上的不足，提升学生的兴趣，拉近课堂与生活的距离，极大地提升了学生的自信。以小组合作的方式完成作品，符合 STEM 教学理念，学生在创作过程中主动将学科知识融合，不仅要考虑美术中的构图技巧和色彩知识，更重要的是在素材的选择过程中，将政治、历史、语文等学科知识运用起来，思考形象背后之间的联系。在这个过程中潜移默化地将图像识读、审美判断、文化理解、美术表现、创意实践融入其中。

（四）关于展示和评价

学生完成作品之后，我邀请学生利用希沃展台勇敢地上前展示作品，并分享他们小组的创作意图。这个环节是最让人惊喜的，每个小组的阐述角度都不尽相同。

第一组同学通过作品展现了现代工业对环境的冲击，工业废水、石油泄漏、冰川融化是他们考虑的问题，主要观点：现代工业使我们的生活丰富多彩，但是"美丽"的背后，问题也不容忽略。

第二组探究的主题是关于隐私，外部环境对于私密空间的入侵。因为这一组成员都是女孩，通过作品，我们甚至可以窥得一丝女性主义的观点。

其他小组作品欣赏：

图 3 学生代表作品分享

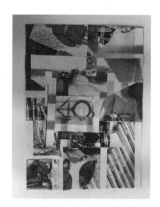

图 4 学生作品

作品评价是课堂教学的重要环节，能够提高学生的图像识读能力，引导学生自主评价作品，既能帮助学生梳理创作思路，形成对作品的态度，又能帮助学生认识自我、完善自我。学生互评可以使学生相互学习，通过对比发现自己作品的优缺点，促使学生共同进步。在教师评价环节，我坚持以立德树人为目标，以积极的鼓励性的语言进行评价，既要关注学生对美术知识的掌握，又注重学生在核心素养方面的养成，我通过"这节课你有什么收获？""你对你的作品满意与否？""创作过程中遇到了什么问题又该怎么解决？""今后该如何做？"等层层递进的问题，进行了教学总结，实现了教、学、评一体化的要求。

短暂的社团课感触颇多，看着一幅幅优秀的作品和一张张学生的笑脸，欣慰之余又觉任重道远。美育是德育的起点，是通向德育的桥梁。此后，当深耕课堂，不断探索，不忘初心，砥砺前行。

参考文献

[1] 中华人民共和国教育部.普通高中艺术课程标准（2017 年版，2020 年修订）[M].北京：人民教育出版社，2020.

第五章 聚焦课堂，深耕教研

一、浅谈跨学科教学如何不流于形式

李平

《义务教育课程方案和课程标准（2022年版）》基于义务教育培养目标，将党的教育方针具体细化为各课程应着力培养的学生核心素养；优化了课程内容结构；研制了学业质量标准，指导了教、学、考的一致性；加强了学段衔接。要求各门课程用不少于10%的课时开展跨学科主题学习，教学中加强纵向学段的有机衔接和横向学科的有效配合，培养学生应用知识解决实际问题的能力。所以跨学科的主题式学习、大概念、项目化学习等都是培养学生全面发展的需要，也是当下课程改革的必然趋势。我认为跨学科教学如何不流于形式，要做到三个改变：

（一）改变思维

在融合育人背景下，认知先行，教学思维的转变是首位。"教书"是手段，"育人"才是目的。学科教师不是教学科，而是用学科教人，从学科教学转向学科育人。教师应注意将课堂转向生活，转向实践，引导学生在真实的情境中解决问题。在此基础上跨学科方案的设计是关键，我认为学科间的联动主要有两种形式：一是相关形式，即学科知识相关内容的罗列，比如语文、地理、历史文科间的融合；二是主题形式，即本学科所辐射的领域，以学习任务群的形式表现出来。"相关形式"缺乏系统性和连贯性，从长期教学任务和分科课程性质上看不能算严格意义上的跨学科教学；"主题形式"是以专题任务群方式完成教学任务，教师要在吃透任务群的基础上，在知识运用、能力培养和品格提升上完成螺旋上升式。

（二）改变课堂

1.改变课堂内容

新课程标准对学生综合素质和终身发展的关注无疑对教师提出了更高要求，教师应加强学习，改变传统的仅以传授学科知识为主的课堂内容。传授知识的同时，更应关注知识的运用和综合能力的提高，重视单元整体设计和跨学科融合，在课堂上创设真实情境和问题，引导学生深入探究主题意义，为知识转化为能力、能力转化为素养奠定基础。

2.改变课堂形式

首先，在跨学科教学的大背景下，我们传统的老师教、学生学的课堂模式也要发生反转，在专业学科知识上我们的老师肯定能"驾轻就熟"，但在跨学科融合、综合知识的运用和实践中老师不一定能做到游刃有余，甚至有时候会捉襟见肘。这时师生关系的反转会带来意想不到的效果，学生作为老师的角色参与课堂也正是深度探究、深度学习的有效途径。其次，教室为主的课堂形式也未必尽然，根据主题内容、探究的需要可以选择更贴近教学实际的场域组织课堂，让真实的跨学科情景在看得见、摸得着的场域中发生更容易取得成效。

（三）改变评价模式

跨学科教学是多元的，是整合的，是趋向解决问题的，所以评价应该是多元的、开放性的。"唯分数"的评价模式，单一的评价标准也要进行相应改变。要结合教学实际和学生的兴趣特长设计个性化的评价量规，通过导向和激励激发学生主动探索、积极参与、勇于创新的优秀品质。跨学科教学不仅是让学生进行学科知识的勾连和堆叠，更重要的是让学生能发挥不同学科的思维来思考和解决问题，这是新的评价模式需要研究的方向。

当然跨学科教学想不流于形式，影响的因素还有很多，比如不同学科老师的教研机会，课程的设置，对老师的评价方式，学业质量评价等。学校管理模式的变革也是有力支撑和保障，所以新一轮的课程改革需要每一位老师积极、长期地不断探索，为创新人才的培养贡献自己的力量。

二、初中生心理特征与学习力相关因素分析

段澎涛 李平

摘要：课堂是"减负增效"的主阵地，是培养学生终身学习力的主渠道。教师在做好教材教法研究的基础上，如能在了解把握初中生与学习力相关的心理特征间，设计符合学生学习力培养与心智需求的教学活动，就能更好地激发和培养初中生保持良好的学习动力、学习毅力和学习能力。本文试从几个与初中生学习力有关的心理特征分析，以期为教师在教学实践中把握适宜的教学原则和教学策略提供依据与建议。

关键词：心理特征；学习力

学习力是初中生实现高效学习与终身发展的关键因素，是衡量学生学习水平的重要指标，是能否促进核心素养形成与发展的重要机制。了解把握学生的心理特征并设计符合学生思维发展与心理需求的教学活动，能够更好地激发和培养初中生良好的学习动力、学习毅力和学习能力。

本节试就几个与学习力因素有关的初中生心理特征加以分析，以期为授课教师在教学实践中，如何把握适宜的教学原则及教学策略提供心理依据与建议。

（一）学习力

学习力是指个体或组织学习的动力、毅力和能力的综合体现，是把知识资源转化为知识资本的能力。学习力概念源自英国研究者克莱斯顿开展的促进有效学习及终身学习项目。本文论述基于学习力三要素理论：学习动力指自觉的内在驱动力，包括学习需要、学习情感和学习兴趣；学习毅力指自觉确定学习目标并支配其行为克服困难，实现预定学习目标的状态；学习能力指接受新知识、新信息并用所学分析问题、认识问题、解决问题的智力，如注意力、记忆力、思维力、想象力等。

（二）初中生心理特征与学习力相关因素的相互影响

1. 自我意识发展的关键期——学习动力的暗礁或点火器

初中是个体自我意识发展的关键期。这一时期的学生强烈关注自己的个性成长，对个人能力和学业成绩特别重视。对于他人的评价非常敏感。在受到肯

定赞赏时，会产生强烈的满足感，能够增强学习动力；在受到批评惩罚时，容易产生强烈的挫折感，从而降低学习动力。本课题组面向全校 406 名初中生进行"学习力调查问卷"，在"Q37：我看到比自己成绩好的同学都会很羡慕并想超过他"选项中，高达 71.67% 的学生做了肯定的选择。因此，教师在进行教学评价时要始终牢记：评价是为了改进、完善、激励和提升，不急于对学生做出最终的定论，帮助学生对自身做出合理的评判，并能够反思和纠正自己的学习行为。

比如"某某同学说得很好，谁能比他说得更好？"这样的评价显然忽视了第一个学生的感受。如果改为"某某同学说得很有道理，谁还有不同观点？"这样就能激发学生更多的学习动力。由此可见，同一教学情境，教师的评价不同，对学生学习动力产生的影响也会不同。

在初中生自我意识发展的关键期，不当的评价可能会是学海航程的一次触礁，而恰当的评价则可能成为增强学习动力、激发学习潜能的点火器。

2. 重视同伴关系，对教师有极高的情感期待——学习动力的情感平台

埃里克森的心理社会发展阶段理论认为，对于心理发展到第五个阶段的青少年来说，最重要的关系是同伴群体和领导榜样。他们崇拜权威，越来越重视在同伴之中的个人地位以及与同伴之间的关系。

授课教师要善于抓住每个教学契机，通过小组学习、合作探究等方式，让学生之间建立平等、友爱的合作关系，促进学生在共同的学习活动中，实现思维的碰撞、情感的交流，为激发学生的学习动力搭建友好的情感平台。

除了重视与同伴关系之外，学生对教师还有着极高的情感期待。他们十分在意教师对自己的评价，在教师心中保持良好的形象几乎是他们普遍的渴望。"亲其师，信其道。"是这一阶段学生普遍的心理特征。

我校初中生人际关系调查显示，多数被调查的学生看到教师对其他同学有亲切行为时，会出现不同程度的嫉妒情绪。有同学这样描述："当我看到喜欢的老师走到某个同学的桌前提问时，我希望被提问的人是我。"由此可见，初中阶段的学生群体，对教师有着较高的情感期待。

在前述"学习力调查问卷"中，"Q10：你认为老师在提升学习动力方面起到的作用"，选择"非常大"和"比较大"的合计高达 83.25%。

这就要求教师在学生面前要形成并保持良好的个人魅力，如授课线索清晰、逻辑严密，在课堂上使用幽默风趣或富有激情的语言，适当开展一些学科游戏或竞赛，在课外与学生保持良好的沟通交流等，这对促进初中生学习动力具有积极意义。

3. 消极情绪增多，情绪稳定性较弱——学习毅力的特别保护区

初中阶段的青少年情绪和心境的发展呈现出动态的发展趋势，消极情绪增多，情绪稳定性较弱，心境起伏变化较快。他们常会为个人形象而烦恼，为在同伴中的地位而忧心，为学业成绩倍感压力。

我校一名物理教师曾经这样描述："班中有一些孩子，他们仿佛只活在自己的世界里，他们听课时看似很专注，但一旦向他们提问，就不知所云。实验器材在他们手里仿佛只是摆脱孤独的玩具。"对于上述类型的学生，教师应在小组学习、协作探究等环节给予积极的关注和引导，重视培养他们的学习毅力。

在教学中，教师要扮演好引导者、组织者、协调者的角色，营造轻松活力的课堂氛围，注意培养学生的积极情绪。增加学生在课堂教学过程中获得效能感，帮助学生克服消极情绪的干扰，保持稳定的学习情绪，促进学习毅力的养成。

4. 独立意识增强，自控力发展尚不完善——学习毅力培养的关键期

一方面，初中生独立意识增强，开始注重维护自身的独立与自尊，不轻易向成人求教，常使自己处于无助的状态。在教学过程中，教师应转变以往那种主导权威的角色，以真诚的态度给予学生积极的关注，尊重学生的人格、理解学生的情感，鼓励他们的质疑、激发他们的潜能。

另一方面，初中生的自控力发展尚不完善，面对较重或较难的学习任务时容易急躁或动摇，是影响学习毅力培养的主要不利因素。在"学习力调查问卷"中"Q3：你认为影响学习力的主要原因是什么？"归因"自控力差，心浮气躁"的高达56.4%。

"Q6：你坚持学习的主要原因是什么？"选项"自己对未来的期望"是学习毅力的主要源泉，占54.93%；家长和老师的期盼亦对初中生学习毅力有重要影响，占27.09%。可见引导学生做好人生规划、制订合理目标，赋予学生积极期待，有助于坚定他们的学习信念、促进学习毅力的养成。

5. 记忆发展进入全盛时期——发展学习能力的保障

有研究发现，初中生记忆广度达到了一生的顶峰，在一项记忆广度的研究测验中，初中生成绩为11.04，超出大学生的9.4。这表明，初中生的记忆发展开始进入全盛时期。

这一阶段，教师要为学生创造适宜的学习条件，搭建合理的知识架构，提

供多元的知识内容，满足学生飞速增长的学习需求。此外，教师还要特别重视学习方法的指导，充分发挥学生的记忆优势，结合学科特点教会他们自觉运用适合自身特点的记忆策略，最大限度地开发学生的潜能。如限时记忆，训练学生在规定的时间内背诵数字、人名、单词，在 3 分钟内背诵 9 种气候类型；在 5 分钟内，默写 10 个英文生词；让学生仔细回忆上课过程，如教师讲授了哪些内容、哪些同学回答了问题、具体是怎么回答的、对于每个问题你是怎样思考的等。

教师要抓住学生记忆发展的黄金时期，为学生提供足够的知识储备，培养他们良好的识记习惯，设计适合学生多通道协同记忆的教学环节，充分发挥学生的记忆潜能，促进初中生学习能力的发展。

6. 思维差异日趋明显——运用多元手段促进学习能力的提升

初中生思维差异日趋明显，教师要特别关注学生个体智能差异与智能特征，主动设计多样化的学习活动，安排多种形式的学习成果及展示方式，以促进不同风格学生学习能力的发展与提升。

比如，教师提出问题后，一些学生会立刻冲动地把手高高举起来，却说不出明确答案；而有些学生即使知道答案，也默默地坐着，不愿举手回答。因此，教师应当分析学生回答错误或保持缄默的原因，以使指导更具针对性，或者干脆让那些沉思型学生展示解题思路给冲动型学生听。

再比如，英语教师可以用歌曲教学的形式来开发学生身体运动潜能和音乐潜能，鼓励他们运用表情、动作和手势来体现自己对所学内容的理解，从而提高学生的语言应用能力和对语言规律的敏感性；而语文教师则可以通过课文小话剧等形式开发学生的表演潜能、内省智能，最大程度地促进初中生学习能力的提升。

（三）总结与展望

初中阶段是青少年自我意识发展的关键期，他们格外注重自己的学业成绩和人际关系。是优化和促进学习动力的关键期。

这一时期个体情绪稳定性较弱，消极情绪增多。一方面独立意识增强，要求平等与尊重；另一方面又存在自控力发展尚不完善的问题，学习毅力受到挑战。做好人生规划、制订合理的目标有助于坚定学习信念、提升学习毅力。

初中生的记忆力、思维力等发展进入全盛时期，身、心、智的发展迎来了矛盾与机遇，具有较强的可塑性，是培养学习能力的最佳时期。

培养学生的终身学习能力、促进学生可持续发展是教育的根本任务。初中生学习力的培养不只是知识技能的传授与获得，更重要的是学生知、情、意的全面协调发展。课堂是初中生学习力培养的主阵地，有其基本原理和操作程序，而这个操作程序必须建立在符合学生学习力发展，适合其心理特征的基础之上，必须是科学、可行和有实效的。唯此，才能真正实现"减负增效"与教育的公平。

参考文献

[1]〔美〕J·J. 施密特. 学校中的心理咨询 [M]. 刘翔平等译. 上海：华东师范大学出版社，2008.

[2] 赵红霞. 影响初中生学业成绩差异的机制研究〔C〕. 华东师范大学，2011.

[3] 胡咏梅，杨素红. 学生学业成绩与教育期望关系研究——基于西部五省区农村小学的实证分析〔J〕. 天中学刊，2010，25（6）：125–129.

[4]〔美〕加德纳著，沈致隆译. 多元智能新视野 [M]，北京：中国人民大学出版社，2012.

（本文系河北省教育科学"十三五"规划课题"运用心理干预技术提升初中生学习力的研究"〔课题编号：1704144〕的成果之一）

三、浅谈强化初中生德育意识的几个方面

于忠春

德育意识是初中生全面发展的重要组成部分，对学生的未来成长具有重要意义。为了强化初中生的德育意识，需要从多个方面入手，包括培养良好的行为习惯、强化传统文化教育、树立正确的价值观、增强社会责任感、培养集体主义精神、学会尊重他人、培养良好的道德品质、学会自我管理、培养良好的心态以及学会自我保护等方面。

（一）培养良好的行为习惯

良好的行为习惯是德育意识的基础。廊坊华夏幸福学校（以下简称幸福学校）注重学生的行为规范教育，引导学生养成良好的行为习惯，如遵守纪律、尊重他人、爱护公物等。同时，要加强对不良行为习惯的纠正和引导，让学生认识到行为的后果和影响，从而自觉遵守行为规范。

（二）强化传统文化教育

传统文化教育是德育意识的重要组成部分。幸福学校加强对传统文化的教育，让学生了解中华优秀传统文化的内涵和价值，培养学生的民族自豪感和文化自信。同时，要注重传统文化的传承和创新，让学生在学习传统文化的过程中，不断挖掘和发扬其中的德育元素。

（三）树立正确价值观

正确的价值观是德育意识的核心。幸福学校加强对学生的思想教育，引导学生树立正确的价值观，如爱国爱家、诚实守信、团结协作等。同时，要注重培养学生的批判性思维和独立思考能力，让学生能够在多元文化背景下，坚守正确的价值观。

（四）增强社会责任感

社会责任感是德育意识的重要表现。幸福学校加强学生的社会责任感教育，让学生认识到自己作为社会成员的责任和义务，培养学生的社会责任感和公民意识。同时，要注重引导学生参与社会实践和志愿服务等活动，让学生在实践中体验社会责任感的重要性。

（五）培养集体主义精神

集体主义精神是德育意识的重要组成部分。幸福学校加强对学生的集体主义精神教育，让学生认识到个人与集体的关系和利益关系，培养学生的集体荣誉感和团队协作精神。同时，要注重班级建设和学生之间的交流与合作，让学生在集体中成长和发展。

（六）学会尊重他人

尊重他人是德育意识的重要体现。幸福学校加强对学生的尊重他人教育，让学生认识到尊重他人的重要性，学会尊重他人的权利和尊严。同时，要注重培养学生的同理心和包容心，让学生能够在人际交往中建立良好的人际关系。

（七）培养良好的道德品质

良好的道德品质是德育意识的重要体现。幸福学校加强对学生的道德品质教育，让学生了解道德规范和道德标准，培养学生的道德意识和道德行为习惯。同时，要注重引导学生参与道德实践和道德体验活动，让学生在实践中体验道德情感和道德价值。

（八）学会自我管理

自我管理是德育意识的重要能力。幸福学校加强对学生的自我管理能力培养，让学生学会自我约束和自我调节，培养学生的自律意识和自我管理能力。同时，要注重引导学生参与自我管理和自我教育的实践过程，让学生在实践中不断提升自我管理能力。

（九）培养良好的心态

良好的心态是德育意识的重要保障。幸福学校加强对学生的心理健康教育，让学生了解心理健康的重要性，培养学生的心理健康意识和自我调节能力。同时，要注重引导学生参与心理健康教育和心理辅导等活动，让学生在实践中不断提升心理健康水平。

（十）学会自我保护

自我保护是德育意识的重要内容之一。幸福学校加强对学生的自我保护教育，让学生了解自我保护的重要性；培养学生的安全意识和自我保护能力；加强学生的法律意识和法治观念教育；注重对学生进行安全管理和监督等措施来保护学生安全与自身合法权益；教育学生学会求助他人和报警等方面的技能技巧等。

增强初中生的德育意识对于塑造健康人格进而提高学生的社会适应能力和

人际交往能力，以及促进学生全面发展进而提高学生的实践能力和社会责任感，提高学校教育质量进而提高学校的教育教学质量和管理水平，推动社会和谐发展进而为社会和谐发展提供有力的人才保障等都起到了重要作用。未来，随着教育改革的深入推进和教育理念的不断更新，初中德育将会更加注重学生的个体差异和全面发展需求，为培养更多具有高尚品德和良好行为习惯的人才做出更大的贡献。同时，我们也应该注重加强德育的实践性和创新性，不断完善德育的内容和方法，以更好地适应时代发展的需要和学生全面发展的需求。

四、数学实践，情系素养

孙娜娜

为了让学生全面了解数学、喜欢数学，感受数学的魅力，学会用数学的眼光观察现实世界，用数学的思维思考现实世界，用数学的语言表达现实世界。此次文化节旨在高标准落实《义务教育数学课程标准（2022年版）》新要求，全面培养学生的数学核心素养，培养学生的数学思维能力和跨学科学习能力，以及动手实践能力，让学生感受数学的美妙，体会数学的价值与意义，提高学生学习数学的兴趣。

（一）做好学生的组织者

初中部数学教研组说明了数学文化节的意义和目标，并制订了详细的方案；各备课组在教研组会议后也及时组织了本备课组的会议，集思广益，确定了本年级的数学文化节活动；在备课组方案确定后，学生积极发挥自己的想象，创作设计了数学文化节海报和徽章。

（二）做好学生的合作者

1. 思维拓展，提升竞技能力

为培养学生思维的发展，给学生提供更多展示自我的平台，七年级数学组组织了数学大PK活动，定期更换题目，公布答案和榜单，引来了同学们的积极参与，也涌现出了一批批优秀引领者。

2. 描点画图，感悟对称之美

为了发展学生的空间想象能力、思维能力，培养学生的创新能力，体会对称之美，巩固已学习的平面直角坐标系，七年级数学组组织了"平面直角坐标下的美术"活动（跨学科），学生在平面直角坐标下描绘出一幅幅生动的作品。

3. 七巧拼图，感悟变化之美

在本次活动中，同学们充分发挥自己的想象力和创造力，运用学过的图形知识，巧妙构思，精心设计，不断变化图形，感受数学图形变换的无限创意之美，拼出很多别具匠心的作品。

4. 思维导图，架构知识体系

为了让学生对所学知识有一个整体理解，更好地掌握章节知识点和典型例题，七年级数学组组织了一系列思维导图活动，学生们根据自己所学知识，发挥自己的才智，绘制出一幅幅有创意的思维导图。

5. 数独游戏，感悟数学之趣

数学学习离不开逻辑训练，为培养学生的逻辑思维能力，从逻辑推理中找到乐趣，我组织了一场数独的思维体操，同学们充分发挥自己的聪明才智，以互相 PK，小组合作等方式，解决了一个个数独谜题。既可以使同学们的逻辑能力得到提高，又促进了同学们的合作能力，达到了寓教于乐的效果。

八年级数学组也开展思维拓展、提升竞技能力和思维导图等活动，旨在培养学生的逻辑思维能力。

6. 在竞技中磨砺，在磨砺中提升

八年级开展了百题竞赛活动，同学们参与热情非常高，由几位数学教师共同出题，流水阅卷，通过预赛和决赛，共决出一等奖、二等奖、三等奖共计 12 名同学，旨在培养学生的计算能力。

7. 学数学家的故事，品读数学文化

为了弘扬数学文化，营造数学学习氛围，丰富学生的课外生活，拓展学生的知识面，激发学生学习数学的热情，在老师的倡导下，同学们制作了有关数学家的精美学习小报（在初中部三楼开展"数学天地"版面，有数学家的故事、典型题目推荐、思维导图等）。同时，学生自己制作 PPT 在班级进行汇报展示，并依托学校给八年级学生提供的科学家进校园活动，对历法和圆周率有了新的认识；依托学部的社会实践活动走进固安规划馆，寻找规划馆中的数学元素（汇报展示），学生真正实现了用数学的眼光观察现实世界，用数学的思维思考现实世界。

8. 数学作业巧设计，助力"双减"促成长

数学来源于生活，服务于生活，生活中处处皆数学，八年级备课组的老师们在周末布置了调查上网流量方案的实践活动，同学们积极参与，整理数据（展示学生调查的上网套餐），利用函数知识做出最优方案，给出总结，获得结论。实现了在实践中学习，在学习中提高，真正做到了用数学的思维思考现实世界，实现了学以致用。

（三）做好学生的引导者

本次活动构思，给学生搭建了自我展示的平台，加深了学生对于数学的了解，提升了学生学习数学的兴趣，提高了学生的数学核心素养。

1. 育人新理念

（1）以德育为核心：新时代，德育已经成为教育工作中不可或缺的一部分，教师应该把培养学生良好品德作为首要任务，并将其贯穿于整个教育过程中。

（2）注重个性化发展：每个学生都是独特的个体，有着不同的天赋和优势，因此，在教育过程中应该注重个性化发展，尊重学生的差异性。

（3）提倡创新思维：创新是现代社会发展的核心驱动力之一。因此，在教育过程中应该提倡创新思维，并鼓励学生勇于尝试和创新。

（4）注重实践教育：理论知识是学生学习的基础，但只有通过实践才能真正掌握知识并将其应用于实际生活中。因此，在教育过程中应该注重实践教育，为学生提供更多的实践机会。

（5）以人为本：教育工作的核心是人，因此在教育过程中应该以人为本，关注学生的身心健康和全面发展。

2. 教学需探索新方法

（1）大单元整合，重新建构知识体系，给学生提供阶梯式学习平台。

（2）运用新媒体手段，用动画、视频、科学的数据引领学生学习。

（3）更新评价标准，建构新的评价体系，让各层次学生都有所收获和发展。

（4）运用生活情境加入数学元素，引导学生对数学的学习与应用。

（5）小组合作由形式走向实质，实现分层作业和作业超市等手段。

伴随着主题教学活动的开展，在每个学生的心里播下数学智慧的种子，也扎下了快乐的根！愿廊坊华夏幸福学校的学子们，继续用数学的眼光和思维去观察世界、认识世界，去发现、去创造一个更加美好的明天！

（三）结语

通过教师的逐步引导，学生对于《水浒传》的阅读有了非常大的兴趣，在阅读过程中逐步提升了半文言半白话小说的理解能力。另外，这些学习的发生时间大多以课堂和读书时间为主，并不需要占用大量的课后时间。在课堂活动中激发学生阅读兴趣后，学生具有强烈的阅读渴望，期待获得更好的阅读体验，这能使学生享受阅读，很好地解决阅读名著难的问题。

此外，线上小组讨论、资料整合与课上的成果汇报提升了学生学习的获得感，强化了整理和分析能力，进行了思维的进阶培养。重点问题的导学方式使学生跳出文本单个章节的框架，从组合的章节中获得新的阅读体验。

通过阶段式主题学习，同学们能够较好地掌握整本书阅读的多种方式，提升阅读热情。同时此学习方式对于长篇名著教学有借鉴意义，可尝试推行。笔者在进行《西游记》教学时就有相应的设计，也能够较好地进行整本书阅读教学，提高学生知识掌握程度。

参考文献

[1] 中华人民共和国教育部 . 义务教育语文课程标准（2022 年版）[S]. 北京：北京师范大学出版社，2022.

六、创设课堂情境 丰富课堂活动 灵活学生评价

薛致玲

新课程的实施真实地反映了高中学生的学校生活体验。一方面，要尽可能给学生提供学习所需的物质条件，另一方面，更要以改善学生的学习方式、激发学生的探究欲望为出发点，设计与学生的学习、生活相适应的文化环境，从教学的实际出发，根据不同的教学目标内容、对象和条件等，灵活、恰当地选用教学方法，并善于将各种方法有机地结合起来。新课程通过问题的解决进行学习是教学的主要途径之一，首先，可以激发学生的学习动机，发展学生的思维能力、想象力以及自我反思与监控能力，其次，贴近学生的日常学习和生活实际，引导学生通过交流、评价和反思解决问题，在"做中学""学中做"的过程中提升他们的素养。

《义务教育语文课程标准（2022年版）》中采用"素养"一词，还有两层意思：一是将"素养"理解为价值观；二是认为基础教育中各个阶段的"素养目标"是有层次差别的。至于"比较稳定的、最基本的、适应时代发展要求的学识、能力、技艺和情感等为什么不用"素质"而用"素养"，可能是因为"素养"一词，较之"素质"，更着眼于学生的终身发展。

学生综合素养的形成，教师在课堂教学中可以注重以下几个方面。

（一）有意识引导课堂，大胆放开课堂

新课程语文课堂教学，强调的是师与生的和谐、民主、平等的气氛，强调的是"学生是课堂的主人"。教师是课堂的引导者、参与者，整个课堂由学生自主组织、自主参与、自主评判，学生的积极性、主动性就会很高。学生的积极性、主动性高了，学习的效率就会提高，获取知识的技能就能得到加强，也就能很好地完成教学目标、教学任务。所以，教师一定要舍得放手，让学生真正成为课堂的主人。

以今年的课堂为例，高一（4）班的学生非常活跃，那最好的办法就是找一个师生都能接受的切入点引导学生的课堂任务活动，有目标，有要求，有讨论，有展示，一条龙线索，有始有终，学生注意力自然就集中了。

这里就涉及了一个很重要的问题，放开课堂不是放任自流，不是没有目标盲

目开放，而是有原则的开放教师一定是引导者。所以整个课堂学生活动的设置就体现了教师在新课改下的综合素养。教师一定要具备课堂开发的意识与能力，善于把握和调控课堂气氛，增加课本知识容量和密度。只有具备了这种意识与能力，大胆灵活地放开一些，让课堂活起来，反而更能充分发挥教师的主导作用，更能活跃学生思维，激发学生学习的积极性，进而收到意想不到的效果。

（二）课堂学生活动任务一定要符合新课程标准的要求

新课程改革积极提倡自主、合作、探究的学习方式。集中体现了"自主"就是学生根据相关知识和资料自主学习，自主研究；"合作"就是通过与同学、老师交流，从而解决自主学习、研究中发现的问题；"探究"就是对学习内容作深层次地挖掘与探讨。以高一第一单元"青春主题"的小说《百合花》为例，在分析人物形象时，设置"小媳妇的人物形象分析"和设置"小媳妇在整个作品中有什么变化"产生的效果是不一样的，学生合作探究的效果，后者反响更激烈，高一（1）班和高一（4）班的同学都找到了对比，都合作探究出小媳妇的前后性格变化，并且都深刻探讨出变化的根源是战争，让这个腼腆、内向的女孩子在残酷的战争面前成长为一名坚忍和顽强的卫生员。同时，学生对战争残酷的认识，对残酷战争下温情的体验非常深刻。同理，拓展电视剧《小兵张嘎》里汉奸张不正的形象，《金陵十三钗》里墨玉的形象，再延伸看中国抗日战争的历程，为什么抗日战争能胜利？学生就有了跨学科的思维和理解，再同理看宋词"佛狸祠下，一片神鸦社鼓"的诗句，就能看到南宋的未来。由此可见，在创设合作探究的活动任务时，要考虑"探究"就是对学习内容作深层次地挖掘与探讨。教师既要保证课堂学习是一种学生个性化的活动，也要保证课堂学习是一种学生创造性的活动。作为教师，不仅要珍惜学生的感悟、体验，更要保护他们的智慧火花，这样更有利于开发学生的创造性潜能。所以，所有内容都可自主合作探究，简单题型探讨审题、比较方法，难度大的问题探讨问题背后的意义和影响，既有知识的整合也有思维的延伸，学生的创造性思维就慢慢打开了，从而培养学生独立思考和自主创新的精神。

（三）把竞争的模式引进课堂，激活课堂，在教学中要建立多元化和多样性的评价体系

《心理学新论》一书告诉我们："所谓竞争是个体或群体对于一个共同目标的争夺，促进某种有利于自己的结果实现的行为或意向。"竞争作为一种外部刺激，对个体产生一系列的心理效应：激发动机，发挥潜力；增强自我意识；肌肉产生紧张感，精力更加充沛。当我们把竞争机制引进课堂教学之时，学生为了弄清楚问题，必然要充分地挖掘自己所蕴藏的潜能，丢弃陈旧、落后又俗套的解答，追求新颖、独到的意外见解，由此，就得打破自己已有的思维定势，想前人所未想，发前人所未发的创造性解答。这样既有利于活跃课堂教学气氛，提高课堂教学效率，又有利于培养具有健康心理素质的跨时代人才。

新课标中明确提出，在教学中要建立多元化和多样性的评价体系，鼓励学生、教师以及家长共同关注和参与评价实现评价主体的多元化。构成性评价是教学过程的重要组成部分。新课程标准提倡：构成性评价与终结性评价相结合，既关注结果，又关注过程，以构成性评价为主；定性评价与定量评价相结合，以定性评价为主；他评与自评相结合，以自评为主；综合性评价和单项评价相结合，以综合性评价为主。

而在课堂教学中把学习小组之间的成果展示对比，就有了竞争的思想评价，就是一种非常好的自评和他评相结合的评价方式，同学们在比较、思索、探究的过程中，既看到了自己和别人的长处，也看到了自己和别人的短处，理性思辨，促进学生的心理健康发展，影响深远。

以高一第二单元"致敬最美劳动精神"中新闻评论《以工匠精神雕琢时代品质》的一个学生活动任务为例，题干是"文章如何论证工匠精神的内涵"，展示的三个学习小组，以郭宇泽为代表的两个小组展示的都是全文的论证思路，另外一个组很不自信地展示了题干要讨论的是文章的一个分论点的论证思路，这个对比竞争，学生收获很大。最简单直白的就是对于熟悉题型，觉得自己会的题型更应该仔细审题，全班把审题的重要性放在第一位，此案例既完成了培养学生谨慎的思维习惯任务，又增强了一部分学生的信心，同时对于成绩相对较好的学生也是一次精神的洗礼。

因此，新课程改革下的教师要千方百计地把课堂搞活，这既是学生现在和将来发展的需要，也是新课程改革和国家未来发展的需要。

我们所有的新课标、新课改都不是否定了传统教学，绝不能据此就彻底否定基础知识、基本技能的训练。我们要做的是继承和发扬，在新课改的背景下，适应时代的发展，为培养新时代人才转变教学观念，盘活教学方式。

七、三段五环节新型教学模式在习作教学中的实施与运用

——以三年级上册第八单元习作《那次玩得真高兴》为例

陈精精

2021年12月有幸参加廊坊市教育局"三区"建设小学教学抽样调研活动，我参加本次活动的课题是部编版三年级上册第八单元习作《那次玩得真高兴》。本次习作指导课的要求是：核心素养下，立足基于教学改革、融合信息技术的新型教与学模式，落实"双减"政策，体现三段五环节教学模式。以下是我在此次调研活动中的心得体会。

（一）寻根：落实课程标准，聚焦核心素养

语文学科素养是语言建构于运用、思维发展与提升、审美鉴赏与创造，以及文化传承与理解。课标中对于小学中段提出的习作要求是乐于书面表达，增强习作的自信心，愿意与他人分享习作的快乐，观察周围的世界，能不拘形式地写下自己的见闻、感受和想象，把自己觉得新奇有趣或印象最深、最受感动的内容写清楚。因此本节课旨在全面提高学生的语文素养，引导学生丰富语言积累，培养语感，发展思维，无限发展学生的语言世界来拓展他们的人生世界，发现和理解别人的表达进而学会自己去表达。利用小组合作探究的学习模式，通过个人思考、小组交流、汇报等形式突破教学重难点，使学生在不同内容和方法的相互交叉、渗透和整合中开阔视野，提高学习效率。

（二）融合：使用信息技术，助力高效课堂

我选择了两个视频，一是"堆雪人"，二是"拔河"。"堆雪人"主要是想通过观看视频，让学生了解写一件事要按照事情的先后顺序来写，并且把过程写清楚；"拔河"这个视频更能体现当时人物的心情，为学生搭起一个支架。这两个视频的选材都贴近学生生活实际，可以激发学生的学习兴趣，引导学生学习，提高教学质量。使用信息技术来改变学生的学习方式，促使学生主动学习。

（三）支架："三段五环节"教学模式的实践探索

"三段"指的是"课前—课前知识的传授、课中—课中知识的内化、课后—

课后成果的巩固"。"五环节"指的是预习质疑、认定目标、合作探究、梳理小结、达标反馈。在时空上划分为三个阶段，突出教与学的完整性、延续性和提升性，在五个环节上环环紧扣，实施流程清晰，促进课堂效果与效率的提升。

1. 课前：学（学微课）、做（进阶学习）、问（提出疑问）

课前，精心备课，融合信息技术，任务驱动，做到课前知识的传授。学生带着问题观看视频并思考"这两段小视频对你本次习作有什么帮助或启发？"让学生积极主动地去探究知识。体现了课前的学微课。课前学生预习思考："本次习作你有什么困难？遇到困难你是怎么做的？"做进阶学习，通过学生的自学结果和提出的疑问，认定目标，有针对性地进行引导和助学。那么教的原则是学生会的不教，学生说明白的不重复，学生不会的尽量让学生自己解决问题。教师少讲、精讲，只做点拨性地引导。体现了课前进阶学习和提出疑问以及五环节中的预习质疑与认定目标。课前的预习主要目的是逐步培养学生的自主学习能力，养成良好的预习习惯和正确的自学方法，并且让学生带着问题走进课堂，使学生学习更有针对性。教师"先学后教，以学定教"，可以充分掌握学情，提高课堂教学质量。

2. 课中：知识内化、梳理知识、聚集问题、合作探究、综合训练

（1）根据学生预习中和预写中所遇到的困难，聚集问题，进行有针对性的方法引导。为了落实"双减"政策，真正实现减负增效，实现单元整体教学，每个单元的课文都是进阶式的，引导学生充分利用教材中所出现的写作方法进行习作，达到知识梳理、内化与迁移。比如，第八单元课文都是通过一件事来体现人物的美好品质。要想把一件事写清楚，课本中《司马光》《灰雀》都是按照一定的顺序把起因、经过、结果写清楚的；要想体现人物的美好品质，可以从课本中寻找一些描写方法，如《手术台就是阵地》中的语言、动作、神态、心理等，尽量引导学生回忆。那么我们要想在玩的这件事中体现高兴，我们也可以运用以上写作方法，实现方法共生。

（2）在交流改写的环节中进行合作探究和综合训练。对桌之间通过师生所共生的写作方法，进行交流改写。学生自己先与对桌说说自己哪里需要修改，再让对桌提提建议，进行深度交流，实现学生学习的主体地位。

学生进行交流分享并梳理小结。

（3）达标反馈。学生将改写后的习作写在学习单上，并进行交流反馈。使用评价量表，根据评价标准，看是否把过程写清楚了，能否感觉到哪里最开心，让学生自己自评，生生互评，师评。

3.课后：成果巩固与拓展提升

课后将本次习作的开头结尾补充完整，然后将习作读给爸爸妈妈听，与家人一起分享习作的快乐。使学生乐于与他人分享，增加亲子之间的情感交流。

"教、学、评一体化"是落实学科核心素养的重要途径。在课堂教学中有机促进教师教、学生学和评价的整合，把课堂评价融入学习活动之中，检测和指导教学实践，最终促进学习目标的实现。

三段五环节的新型教学模式的运用和实施，激发学生的学习兴趣，让学生带着问题去观看视频，做进阶学习，并通过学生分享的预习成果提出质疑，做到先学后教，以此确定本课的学习目标。通过回顾课文，提取关于写事的写作方法，让孩子们把这种方法运用到习作中去，打造了高质量的语文课堂。

图 1 小组合作学习交流

图 2 融合信息技术学习模式

八、任务驱动式教学在小学美术中的应用

——以冀教版二年级《别致的小花瓶》为例

孟媛

《义务教育艺术课程标准（2022年版）》中指出，通过设计应用，让学生结合生活和社会情境，运用设计与工艺的知识、技能和思维的方式，开展基于问题的学习、基于项目的学习，进行传承和创造。情境素材建议，本学段教学时，教师要创设丰富多彩的教学情境，综合运用多种教学方法和形象直观的教学手段，结合一至二年级学生的生活经验，围绕本学段的学习任务，发掘与学生生活经验相关或者学生感兴趣的情境素材，如"校园里的色彩故事""我的学习生活""巧用文具""非遗小传人""形与色的交响乐"等。新课标对小学阶段的美术教学提出了更细致更全面的要求，本文以冀教版二年级下册《别致的小花瓶》一课为例，本课中运用抛锚式教学，为学生提供一个完整、真实的问题背景，驱动其学习。在这个过程中，教师不是把现成的知识教给学生，而是在学生学习知识的过程中向他们提供援助，引导和帮助学生在问题情境中自主寻找解决问题的方法，在探究中建构属于自己的知识体系，完成校园设计小达人——别致的小花瓶创意设计。

（一）创设情境

生活中真实存在的情境，较能引起学生的共鸣，因为现实生活直观又形象，每个孩子在自己的亲身体验中，都有不同的感受，更何况是借助我们熟悉和热爱的校园！花瓶的形态各异，美化着人们的生活，本课以小花瓶为创作内容，贴近学生生活，在本课的设计中依托学校的校园设计小达人活动创设情境。为了让每个孩子真切地融入进去，把自己当成一个小小的花瓶设计师，我带着孩子们走了学校的很多地方，让孩子们在情境中亲身感受生活，看一看学校的哪个场所能利用我们的双手把它变得更加美好。经过孩子们的观察和分析，最终确定了四个最重要最需要装点的地方就是我们学校的班级教室、老师办公室、学校餐厅、学校图书馆，老师根据学生们自己的选择给他们分成了不同的小组，并运用绘画的方式让孩子们先为特定的场所设计好自己的花瓶，在绘画的过程中孩子们发挥了自己的创意，设计出了相应的设计图。活动目的就是让孩子们在自己感到好奇的事物中，主动参与从而引发美术创作。

（二）确定任务（问题）

中国的镶嵌艺术具有悠久的历史和独特的风格，本课的终极任务是运用镶嵌的方法，设计装饰一只小花瓶。为了确保课堂教学活动的顺利开展，课前给学生设置了预学单，学生通过预学单的了解和小花瓶草稿图的预想，提前搜集生活中的常见物品以供创作时使用。做好了铺垫，要想把设计好的花瓶转变为现实，需要完成三个小任务：

任务一：了解镶嵌是什么

在这个环节中，我提前运用镶嵌的方法制作出了几个小花瓶，并把它们作为教具放在各小组的桌子上，让学生自主观察，学生在观察的过程中，心里对镶嵌的概念有了一定的了解。再进行尝试，在这个环节中让学生直观地体会到粘贴和镶嵌的不同之处，让学生在潜移默化中了解了什么叫作镶嵌，让他们镶嵌就是把一个物体嵌入另一个物体中。

任务二：寻找镶嵌用什么

我们的日常生活中，存在着很多用镶嵌材料制作的物品。让学生观察身边的各种镶嵌，比如说宝石和项链的镶嵌、水泥和鹅卵石的镶嵌、贝壳和漆的镶嵌等，让学生了解到镶嵌的材料很丰富，从而拓展学生的思维。在观察的过程中，学生发现了镶嵌并不是随意的，而是呈现有规律的一种摆放，因此又以"拆盲盒"的形式从色彩搭配和形状拼摆两方面给学生敲重点。

（1）色彩搭配

老师运用相同形状但颜色不同的镶嵌物进行了拼摆，运用图片对比的形式给学生呈现出来，让学生观察如何搭配更醒目，学生的直观感受都很准确，还延伸出通过改变背景的色彩也可以使它更醒目，达到了此环节的设计目的。

（2）形状拼摆

在这个环节中老师运用了不同形状的镶嵌物进行有规律的拼摆，借助信息技术给学生制作了有趣的定格动画视频，配上了搞笑的声音，孩子们在欢乐和开心的氛围中掌握了图形拼摆的小技巧。

任务三：尝试镶嵌怎么做

制作小花瓶是本节课的重点内容，课堂的时间有限，因此老师提前录制并剪辑制作了小花瓶制作的完整视频，让孩子们带着问题去观看，非常的直观，孩子们在观看的过程中都非常认真，这些环节的设置有效突破了本节课的难点，这些任务的完成是阶段性的，通过一个小任务的完成为下一个任务作准备，直至完成整个教学任务。整个过程基本上都是学生在自主学习，教师只是起到了指导作用。

（三）小组合作，自主学习

自主学习的课堂要关注学生的前认知水平，前期带学生绘制了花瓶的设计图，在真正制作之前我给学生设计了预学单，预学单的设置可以使学生课前预习的目的更明确，心里更有数，还可以根据自己设计的小花瓶去准备相应的制作材料，将预习真正落到实处。我还给学生设置了课后的拓展任务，拓展任务能将学生把本节课所学的内容与生活进行链接，美化我们的校园，让学生带着探究欲望走出课堂。

在本课的实践活动中我采用了小组合作的形式，提前按照学生们小花瓶摆放的位置进行了分组，这样有利于孩子们在这个过程中相互交流学习、互帮互助、取长补短、增长认知，在此基础上，发挥各自的特长，用集体的智慧解决问题。比如，在寻找材料的环节中，孩子们通过小组合作，共同讨论研讨的结果，再由小组长进行集体智慧的汇报，孩子们在激烈的讨论中发散思维，在交流中提高自己的表达能力和认知水平。小组合作模式在美术教学上的玩转运用，可促进学生主动思考、主动讨论、主动学习，提高美术课堂的学习效率。在实践的时候还可以资源共享，更方便学生将所带材料进行再分配，在材料准备充分的情况下进行创作，同样提升了制作效率。

（四）效果评价

通过让学生自评、互评、师评等多元化的形式评价，评价渗透在全过程中。同时，在评价活动中，老师制订了评价量表，让评价可视化，给予学生恰当的反馈，形成互动评价，一方面，充分肯定学生的进步和发展，另一方面，使学生明确需要克服的弱点与发展方向，增强学生的自信心。

（五）结语

在新课标理念的影响下，作为一名美术教师，要转变自己传统的教学理念，开展任务驱动式的教学，这样的教学模式让学生在课堂中的思维是连贯的，任务成串，问题成链，不仅可以为学生学习美术带来激情，还可以使学生在完成任务时彰显自己的个性。当前的社会需要创新型人才，培养学生的创新能力至关重要，丰富课堂教学形式，培养学生的审美意识，任务驱动教学法势在必行。作为小学美术教师，可以从问题驱动、梯度驱动、开放驱动等方面着手实践，只有如此，美术课堂才能大放异彩。

九、建立数的模型　感悟数概念的本质

—— 以"11~20 各数的认识"为例

马阿丽

摘要： 人类对数学的认识，就是从"认识数"开始的。而"数"是从自然界中的"数量"抽象而来的，数（shù）源于数（shǔ）。由于人类社会生活实践的需要，数的抽象得以逐步形成和发展。"11~20 各数的认识"是在学习了"1~10 的认识"基础上对数的进一步认识，重点是对数位的理解，即不同数位上的数字表示的数值不同。这个内容的学习对后面百以内数、万以内数等更大的整数的认识，乃至小数的认识都很重要，也有助于培养学生初步的数感和符号意识。

关键词： 11~20 各数的认识；数位；数感；计数单位

"数"概念的关键在于"计数单位"按照"进制"的累加，也因为如此，要想学好"数"概念，应该通过数的认识和数的运算有机结合，感悟计数单位的意义，从而了解运算的一致性。在小学一年级认识 11~20 各数的活动中，教师要帮助学生建立对"一"和"十"两个计数单位的认识，引导他们从感性认数向理性认数转变。具体而言，就是要让学生围绕"计数单位""十进制""位值制"等基本概念、原理深入理解数的意义，以此开启关于整数的意义、整数大小的比较、整数四则运算等的学习；同时，在学生学习的过程中培养他们的数感、符号意识，为后面百以内数的认识、万以内数的认识、大数的认识奠定基础。

本节以"11~20 各数的认识"的教学实践为例，浅谈聚焦核心素养背景下建立数的模型、感悟数概念的本质基本思路。

（一）落实课程标准，聚焦核心素养

《义务教育数学课程标准（2022 年版）》中明确指出："教学内容是落实教学目标、发展学生核心素养的载体。在教学中要重视对教学内容的整体分析，帮助学生建立能体现数学学科本质、对未来学习有支撑意义的结构化数学知识体系。课标强调"理解数位的含义"，应当在学习中，利用学生熟悉的情境，引导学生体会从数量到数的抽象过程，感受数的表示的不同方法，用恰当的方式感受不同数位上的数字表示的数值不同，初步感悟和理解数位的含义。因此，教学设计要组织学生参与学习活动，通过操作、表达、讨论等环节，帮助学生理解不同数位上的数字表示不同的数值。初步构建计数单位，培养数感和抽象能力，形成理性思维和科学精神。本节课在新课标第一学段"数与运算"学习主题中，相关的要求如下：

（1）内容要求：在实际情境中感悟并理解万以内数的意义，理解数位的含义。

（2）学业要求：能用数表示物体的个数或事物的顺序，能认、读、写万以内的数；能说出不同数位上的数表示的数值；能用符号表示数的大小关系，形成初步的数感和符号意识。

（3）教学提示：数的认识教学应提供学生熟悉的情境，使学生感受具体情境中的数量，可以用对应的方法，借助小方块、圆片和小棒等表示同等的数量，然后过渡到用数字表达，使学生体会可以用一个数字符号表示同样的数量以及知道不同数位上的数字表示不同的值。教学中应注意，10 以内数的教学重点是使学生体验 1~9 从数量到数的抽象过程，通过 9 再加 1 就是 10，体会 10 的表达与 1~9 的不同是在新的位置上写 1，这个位置叫十位，十位上的 1 表示 1 个十，1 个十用数字符号 10 表达。同理认识百以内数、万以内数。通过数量多少的比较，理解数的大小关系，在这样的教学活动中，帮助学生形成初步的符号意识和数感。

（二）调研了解学情，整合课程资源

通过前测调研分析发现，一年级的学生对 11~20 这 10 个数并不是一无所知，有相当一部分学生已经会数、读、写 20 以内的数了，对数序的认识掌握得较好，但对数的组成以及数位的理解不够深入。通过对人教版、苏教版以及北师大版三个版本的横向梳理以及纵向对比，不难发现人教版、苏教版和北师大版教材，都是先通过数出 10 根小棒捆成一捆的操作活动，让学生发现"1 个十就是 10 个一"。利用小棒来突出 1 个十就是 10 个一的关系，体现计数单位。不同点是北师大版教材从古人计数引入，引发学生的兴趣和思考，一个大石头代替 10 个小石头，让学生感受以十计数的由来的同时，也为后面的学习做好铺垫。苏教版中摆 12 根小棒怎么能看得更清楚？引发学生一个一个地数，两个两个地数，五个五个地数，十个十个地数，让学生感受建立单位"十"的必要性，而人教版这部分比较简单，利用小棒数一数摆一摆，在读数和写数中体现位值制。而北师大版和苏教版是在 10 加几的加法计算中体现位值制。经过综合对比和分析，将三个版本的优点进行整合。

1. 将北师大版的古人计数纳入本课，通过古人计数追本溯源，体现出了深厚的人文底蕴

【教学片段 1】故事导入，播放古人计数视频，引出学习内容。

思考：古人是如何记录事物数量的？

师：这是古人计数的故事，我想古人计数的经验一定会对我们的学习有所帮助，今天我们也一起来数一数吧。

【设计意图】通过播放古人计数视频，激发学生学习的兴趣，使学生真实地感受古人用石头这样半抽象的代替物表示数量，当数量多的时候，以大石头表示 10 个，真实而形象地感悟十进制的必要性，体会表示较大数的一种方法，初步感受十进制计数法。

2. 将苏教版的 12 根小棒怎么能看得更清楚作为本节课的探究起始点，引发学生的深入思考

【教学片段 2】摆小棒，感悟数的表示。

师：老师的黑板上有一些小棒，快数数有多少根？

生：（数一数）12 根。

师：老师发现有的同学们数得很快，很快说出有 12 根，可有的同学数得很慢，眼睛眯着、手指指着，可还是数得很慢，这是什么原因？

生：老师，你把每个小棒挨得太近的，没有规律，一眼看不出来。

师：哦，看来是老师摆得有问题，那同学们能不能想个办法，能让别人很快就看出是 12 根小棒，动手摆一摆吧。

（学生操作，选取学生操作情况进行辨析，展示学生的作品。）

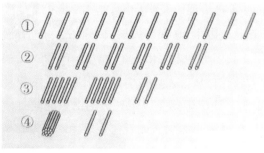

图 3 学生作品图

师：你们发现了吗？不管我们怎么摆，其实总数上都是多少根小棒呀？

生：12根。

师：只不过有1根1根摆的，有2根2根摆的，有5根5根摆的，还有一个同学是 10根和几根这样摆的，你觉得谁的摆法能让你很快就看出这是12根呀？

（学生进行选择，用手势表示自己的选择）

师：很多同学都选择了4号，那我们先来看看4号。

师：刚才你们说这一堆是几根？

生：10根。

师：我们来数数。还真是10根呢，刚才他把10根小棒放在一堆，为了方便可以把这10根小棒捆成一捆，这一捆里有几根？够10根就可以怎么样？再和2根合起来就是12。这样快不快？

师：从今天开始，我们就有了一个新的约定，凡是够10根，我们就把小棒捆成一捆，当我们捆起它的时候，一定是几根？

生：10根。

师：再和外面的 2根合起来就是多少？

生：12根。

师：你能不能像这样整理一下你的小棒，让别人很快就看出这是12根？

师：我们一起像这样数出10根，用皮筋捆成一捆，再加上外面的 2根让大家看一看。这样是不是真的很快呢？我们来验证一下。（出示 14 根）这有多少根？

【设计意图】学生在交流的过程中，引导学生感受按群计数的必要。当个数多于10个时，以10个为一个整体计数更方便，体会"十"产生的价值。

3. 将前测中学生的薄弱点数的组成以及对数位理解的内容穿插其中

【教学片段3】认识计数器以及个位和十位。

师：我们还记得聪明的古人可以用 1 块大石头和 1 块小石头表示出 11，我们用小棒也能表示出11，现在只有两颗珠子，还能表示11吗？（学生意见不一致，有人认为能，有人认为不能，老师请几个代表说说自己的想法）

认为不能的学生：我觉得两颗小珠子只能表示2，它就是两个，不能表示11。

认为能的学生：我觉得把一颗珠子放在计数器的十位上，另一颗放在个位上，就能表示11了。

师：真了不起，你们的想法和数学家的特别像，数学家为我们制造了计数的工具，快来看（出示计数器）。

通过对以上教学环节的有效设计，整节课的设计更显充实。可以更好地培养学生的数感、符号意识等核心素养。

（三）单元教学初尝试，学科融合显特色

新课标强调，要选择能引发学生思考的教学方式，丰富教学方式，重视单元整体设计。改变过于注重以课时为单位的教学设计，推进单元整体教学设计，体现数学知识之间的内在逻辑关系，以及学习内容与核心素养表现的关联。单元整体教学，要整体分析数学内容本质和学生认知规律，合理整合教学内容，分析主题—单元—课时的数学知识和核心素养主要表现，确定单元教学目标，并落实到教学活动各个环节，整体设计分步实施，促进学生对数学教学内容的整体理解与把握，逐步培养学生的核心素养。因此本单元的教学设计主要以学科课程标准的要求为落脚点，结合教材、教参分析知识脉络，通过对多版本教材的横向梳理、纵向对比分析、教学内容分析以及学习者的学情分析，确定单元学习目标、核心素养目标以及单元教学思路。结合学生的年龄特点和知识趣味性，课前和形体老师一同备课，将本节课的11~20的10个数字，编成朗朗上口的律动儿歌（见文末附件），配合简单的舞蹈动作，使枯燥的数学知识不再单调乏味，让孩子们体验数学的快乐，增强他们学好数学的信心，从

而爱上数学这一学科。

总的来说，数的本质是一种抽象的概念，它可以用来计数、度量和表示数量关系。在本案例的教学中，我们可以感悟到数的多样性和丰富性，以及它在日常生活中的重要作用。通过深入理解数的本质，我们可以更好地应用数学知识，提高自己的数学能力。

附件：

1个十，1个一，十一十一笑嘻嘻；

1个十，2个一，十二十二挂鱼饵；

1个十，3个一，十三十三去爬山；

1个十，4个一，十四十四逛超市；

1个十，5个一，十五十五爱跳舞；

1个十，6个一，十六十六吃石榴；

1个十，7个一，十七十七开飞机；

1个十，8个一，十八十八摸下巴；

1个十，9个一，十九十九酿果酒；

1个十，10个一，二十二十都认识。

十、核心素养背景下小学思政一体化教学初探

张琬琳

摘要： 当前随着社会和教育的不断发展，我国也更加强调学生品德和人格等方面的培养，而思政课程又是影响学生品德形成的关键学科，尤其是小学阶段的学生更应高度保障思政一体化教学，促进良好品格的形成，因此本文探析了在核心素养的背景下，如何更好地使小学思政教学一体化，从而保障思政教学质量，促进学生综合素养的不断提高。

关键词： 核心素养；小学思政；一体化教学；方法探析

长期以来，我国的教育过于重视学科成绩，而忽视了学生思想道德方面的培养，因此近些年我国不断实施课程改革，力求提高学生的综合素质，尤其是在当下核心素养教育的背景下，更是强调思政教育对于小学生未来发展的重要意义，然而现阶段很多学校思政一体化做得还不够，没有落实好大思政课教育理念，长此以往，对于立德树人目标的实现也会产生影响。因此，在小学阶段教师就要重视思政一体化的教学，可以从思政课程建设一体化、资源共享一体化、线上线下教学一体化、理论与实践一体化等方面进行改革，促进小学思政教学水平的不断提高，从而提高学生道德水平，使其形成正确的人生观、价值观。

（一）核心素养背景下小学思政一体化教学中存在的问题

1. 课程建设一体化有待加强

从横向看，思政课程不仅可以作为一门独立的课程，也可以同时渗透到其他课程中，实现思政教育的一体化，然而现阶段很多学校的教学仍然以成绩为主，而忽视了思政教育对于学生的重要意义，所以很少能够有教师将思政课程渗透到语文、数学、英语等学科课程中；另外思政教学没能与班会活动、社会实践活动等相结合，这也是思政课程比较单一的一种表现，造成了很多小学思政教学一体化难以实现；从纵向看每个学段的思政课程也没能进行很好的衔接，例如教师完全按照课本内容进行讲解，不能有效衔接好每个年级的课程，同时缺少相应的教研活动，即使是开展教研活动也通常是一个年级进行，很少

能够多个年级的教师共同研究探讨，因此一定程度上影响了思政课程的一体化。

2. 资源共享一体化不足

在核心素养背景下，小学思政一体化教学仅靠教师的力量是不够的，尤其是在信息化迅速发展的当今社会，地区、学校发展的不平衡也会影响到教学的水平，主要表现在一部分学校缺少思政资源，一方面是线下资源的缺失，比如给予教师培训和学习的机会比较少，或者是师资力量不够，所以导致了思政教学的水平还有待提高，很多教师的创新能力不足，也会影响思政一体化教学的有效实施；另一方面一些学校线上资源比较欠缺，这就导致了教师缺少了很多资源和学习途径，资源的共享也不能很好地实现；一些地区缺少相应的学校与学校、学校与社会之间的合作，也是造成思政教学一体化难以有效实现的原因。

3. 线上线下教学一体化有待提高

随着社会的不断进步，信息化的资源越来越丰富，学生也愿意把更多的时间投入互联网，因此学校也要看到当前教育的这一特点，在思政教学的过程中，充分利用线上资源，但是现在很多学校的思政教师往往忽视了线上教育对学生的重要意义，这就导致了很多学校的思政教学不够新颖，不能够激发学生对思政学习的兴趣，往往使得课程枯燥，学生成为了死记硬背的工具。线下教学与线上学习的脱节，不能够充分地利用线上教学资源，让思政的教学内容渗透在学生的生活点滴，也是思政教学一体化有待提升的一个方面。

4. 理论与实践一体化有待加强

思政教育的目的是培养学生良好的品格，健全的人格，以及形成正确的人生观、价值观，其中包含社会公德、家庭美德、职业道德等多个方面，而这些目标的实现也不是一蹴而就，教师的思政课程也不能实现效果的最大化，因此思政课程需要理论与实践相结合，但是现阶段很多学校往往忽视了思政教学的实践内容，学生听着教师的讲授并没有真正记在心中，甚至有一些低年级学生都没有理解教师的意图，这样的思政教学既没有达成教学目标，也影响了立德树人的教学要求，是不利于学生德育健康发展的。

（二）核心素养背景下小学思政一体化教学方法探析

1. 加强课程一体化建设

思政教学中课程是实现立德树人目标的重要手段，因此要加强思政课程一体化建设，首先要实现思政课程与其他学科课程的一体化，充分将思政课程融入其他学科中，要深入挖掘语文、数学、英语等各个学科中的思政资源，充分地融合，进行一体化教学，例如在进行小学语文《詹天佑》这篇课文的讲解时，就可以充分地渗透到思政方面的内容，让学生们学习其身上不怕困难、坚持不懈等优秀品质，感受詹天佑身上的爱国主义精神，树立正确的价值观。另外也可以将思政课程融入班会活动、户外活动、升国旗活动、社会实践活动等中，让思政教学真正地渗透在学生生活的每一个环节，使其逐渐吸收和感悟，从而提高学生的思想道德品格。最后各个年级的思政教师也要定期进行教研，每一位思政教师都要了解到每个年级思政的教学目标、教学计划、课程内容等，以便更好地将各个年级的思政课程相衔接，保证思政课程的一体化和思政教学的有效性。

2. 建立一体化的共享资源

思政资源的共享，可以为教师提供更多的学习资源，也可以让教师通过多种渠道了解学生，为学生提供更多的思政帮助。首先学校可以收集优秀教师的教学视频、教案、优秀案例等，为建立教学资源共享平台奠定基础，之后便可建立教学资源共享平台，设立问答栏、素材库、教学视频等栏目，问题栏可以及时帮助学生解决学习方面的问题，学生也可以留言，教师及时发现问题，通过线上解答的方式，更好地促进思政教学，学生和教师可以反复观看教学视频，及时查缺补漏，也方便了教师之间的相互学习，以及资源的共享；另外，还可以定期展开教研学习工作，可以是本学校之间的学习，也可以与其他学校进行交流和研磨，不断发现问题，互相学习，尤其是要发挥优秀教师的模范带头作用，进一步促进资源之间的共享；最后，除了思政教师外，其他学科的教师也要参与到思政教学的学习中，使思政教学充分融入自己所教授的学科中。

3. 建立线上线下一体化教学模式

当前处于信息时代，教师要充分地利用线上资源，打造线上线下相结合的教学模式，以便更好地促进思政一体化教学模式的进行。首先可以搭建线上网络教学平台，通过云直播、视频直播的方式进行线上授课，使线下与线上的教学相结合，在一些特殊时期或者是节假日，学生有学习方面的需求时，可通过线上的方式进行思政学习，也可以巩固学生的学习效果，使思政课堂更加多元、丰富，变得更加具有趣味性；线上教学并不是不注重线下教学，相反线下思政教学更要紧跟时代步伐，加强创新，使思政教学做到线下线上一体化，推进核心素养背景下小学思政教育一体化高质量发展。

4. 加强理论与实践的一体化建设

在核心素养背景下，除了课程本身要注重实践课程的开设，积极为学生创建实践的机会，例如可以利用当地的资源，创设红色教学基地、主题教育活动场馆，前往文化馆、博物馆、科技馆等场所，让学生更好地投身实践活动中，进一步激发学生的爱国情怀，形成良好的品德；另一方面要积极组织学生参加校外思政活动，比如敬老爱老、关心残疾儿童等活动，让学生真正感受到思政教育的魅力。

5. 开展道德与法治项目化学习

在教学中老师们做了一些项目式教学尝试，收获非常大，比如本学期确立"厚植家国情怀，追溯幸福源泉"项目中，低段任务"航天追梦我能行"，在此任务中学生们通过观看视频、听老师和同学们讲故事、查找资料填写任务单等形式，了解革命英烈的壮举、体会"感动中国"栏目中的平凡而又伟大的坚守，学习航天梦和航天人故事的同时，学习航天精神，为培养航天人作出贡献。五一劳动节到来之际，计划任务播种幸福我分担，此活动进行时，正值孩子们在劳动树上播种的不光是劳动的种子，还有感恩的精神、幸福的能力。任务三强国少年我最棒，此任务进行时正是一年级孩子即将入队之时，结合大队部的入队活动，道法老师在课堂上带领孩子们学习少先队相关知识，学习系红领巾。

中高段要求有一定的精神感悟，结合项目主题设计任务，讲述在长期奋斗中构建起的中国共产党人的精神谱系，所以在五年级的任务设计上，选择三个小的主题，关于优秀家风传承的，新时代有担当，弘扬传统美德，倡导时代精神，第三个单元追寻历史记忆，传承民族精神。六年级结合教材、学生特点和学校德育活动，立足国家弘扬的主旋律精神，设计四个主题活动：星火追梦，不负韶光；寻找身边榜样，争做幸福少年；探究传统节日，传承民族精神；铭记非凡岁月，弘扬中国精神。立足学校特色，培养创新精神，每个阶段的任务不同，层层递进，避免低年级理解不了，高年级低幼化的情况，在思政一体化的探索中有了很大的进步。

总结

总之，核心素养背景下小学思政教学的一体化需要社会、学校、教师、学生等多方面共同努力，努力促进课程、资源、教学模式等多方面一体化，打造高质量的思政教学，促进学生的德育水平不断提高，为形成健全的人格、优秀的品德奠定基础。

参考文献

[1] 黄新清 . 核心素养背景下中小学思政一体化教学初探 [J]. 广西教育，2021（01）：20.

[2] 刘丹妮 . 大中小学思政课程一体化背景下小初法治教学衔接研究 [J]. 中国教师，2022（11）：101.

[3] 庞丽 . 一体化背景下思政教学新思考 [J]. 课程建设，2021(01)：9.

十一、基于核心素养——推理意识培养的教学课例分析

张艳

摘要：《义务教育数学课程标准（2022 年版）》把《义务教育数学课程标准（2011 年版）》中小学阶段的推理能力改为推理意识，重点是对小学和初中阶段的逻辑推理要求作出水平划分——小学阶段主要培养学生的推理意识，初中阶段发展学生的推理能力。推理意识有助于学生养成讲道理、有条理的思维习惯，增强交流能力，是形成推理能力的经验基础。本节以新人教版小学数学二年级下册第九单元"推理"第 1 课时为例，浅谈如何在此课中初步培养学生的推理意识，为学生推理能力奠定基础。

关键词：小学数学；推理意识；数学广角——推理

对于二年级的小学生而言，他们现处于推理意识形成的发展期和关键期。推理意识主要是指"对逻辑推理过程及其意义的初步感悟"。推理意识可以看作推理能力的初期阶段，主要是让学生经历初步的逻辑推理过程，基于经验的感悟，形成初步的意识，既能进行合情推理，又能进行初步的演绎推理。结合新课标提出的"三会"，培养学生的推理意识，主要表现为学生会用数学的思维思考现实世界，用数学的语言表达现实世界，使数学更具严谨性。

（一）教学内容及学生现状分析

1.教学内容分析

本单元主要包括简单的逻辑推理和填数游戏。学生在一年级下册已经学习过"找规律"这个单元，开始初步渗透有规律地进行推理，学生对于这部分内容有了一个大概的印象。简单逻辑推理和寻找规律的思维方式在数学学习中都有着很普遍的运用，同样它们也是学生抽象能力和逻辑思维能力发展的重要材料。本单元主要通过让学生观察生活中的例子，在观察、思考、分析以及语言表达过程中向学生渗透数学思想方法，并初步培养学生有顺序、全面思考问题的意识和能力。

2.不同版本教材分析

表1 不同版本教材分析

教材版本	人教版	北师大版	冀教版
学习时间	二年级下册	三年级下册	三年级下册
单元设置	数学广角	数学好玩	探索乐园
学习名称	推理	有趣的推理	有趣的推理
相同点	三个版本的教材都借助数学工具连线、表格等方式将信息视觉化，引导孩子们整理信息，推理出结果		
不同点	采用连线的方式来整理信息，推理出结果，在呈现上有一个叙述的过程	教材采用的是表格的方式来整理出信息，推理出结果，引导学生通过画表来记录信息	采用的也是表格的方式来整理信息；推理出结果，通过表格把信息和推理的过程记录下来
启发	北师大版和冀教版都采用了表格的形式，在本节课上可以适当拓展表格的记录形式，但不能要求学生画出特别标准的表格，因为北师大版与冀教版有大量的表格学习铺垫，而人教版没有		

3.学生现状分析

通过学情调研可知，大多数学生能够根据题目中的信息推理出结论，但是对于如何用简明的语言表达出推理过程还是有难度，多表现在没有推理过程只有结果，或者语句前后缺乏逻辑性，语言表达过于复杂等。因此，教师在教学过程中应引导学生大胆表达自己的想法，比如，通过你是怎么想的，为什么这样想，对比分析你和小组同学的方法，哪种更加简单明了，从而培养学生有序、全面地思考问题。

（二）教学实践中的问题及如何改进

1.教学实践过程中的问题

当我自信满满地走进课堂，却发现教学效果差强人意。学生对简单的推理教学兴趣很高，但导入部分时间过长，导致同学们在新课探索过程中深度挖掘不够，无法顺利找到解决问题的方法。其次教师牵引太多，无法充分调动学生的主动性和积极性，练习巩固环节也缺少层次和新意。教学看似面面俱到，实则都是蜻蜓点水。而且这样的课堂感觉比较零散，且整堂课缺少一条主线。

2.如何改进教学过程

首先，修改导入环节，采用直接导入的方式，激发学生的学习兴趣，吸引他们的注意力；其次，在例题处理环节没有限制同学们的思维，给学生充分的时间去思考，去探索解决问题的方法；再次，为了更好地体现教学的层次性和促进学生主动探究，增加了学生自主创编这个环节，以激发学生的创造力。最后，进一步确定了本节课的主线：（1）猜——唤醒两个条件的推理；（2）悟——感悟三个条件的推理过程；（3）用——解决三个条件的变式推理问题；（4）编——创作有趣的推理游戏。

3. 改进后效果

本课精心设计了两次学习活动，以活动为载体，以问题为导向，通过活动，教师逐层深入地引导学生探究推理的三个方法：文字表述法、连线法和列表法，通过对比三种方法回顾反思解决问题的方法，引导学生深度挖掘教材。教学中采用合作学习的方式，让学生在自主思考后进行交流与反馈。小组交流能让学生及时反思、纠正，让学生在交流和辨析中逐步明确概念的内涵，提高课堂学习效率，很好地体现了新课标的理念，学生的核心素养也得到了进一步提高。

（三）培养小学生推理意识的策略

1. 培养推理有据好习惯

语言是思维的外壳，组织数学语言的过程，也是教给学生如何判断的推理过程，而与语言最密不可分的是演绎推理，学生解题时大多会不自觉地运用了演绎推理，因此教学中教师必须追问为什么，要求学生会想、会说推理依据，养成推理有据的习惯。

2. 创设推理情境

在小学数学课堂推理思维引导的过程中，学生对问题的质疑有利于猜想和推理。所以，教师在数学知识的讲解中，创设合理性的数学推理问题情境，设法对学生的认知产生冲突，进而实现学生们推理思维的激发，完成主动参与数学知识探究的教学目标。

3. 引导推理思维

在小学数学课堂传统教学模式下，教师忽视了学生的参与性，没有给予学生足够的时间进行思考和表达，导致课堂教学主体本末倒置，无法实现学生推理思维能力的培养和发展。所以，教师可以创新数学课堂的教学模式，训练学生将第五章自身对数学问题的见解逻辑清晰地表达出来，使学生处于数学教学课堂的主体地位，推动学生推理思维的发展。教师的教是为了让学生更好的学，所以在教学活动中给予学生更多的时间去思考、创造，他们才能将知识内化于心。

在具体的教学环节中，教师要结合学生的心理特点和综合能力，为学生设计合理性的数学逻辑性问题，引导学生以独立或者合作的方式进行猜想、推理和证明，进而逐渐形成完善的数学课堂教学模式。

4. 把推理能力的培养落实到数学标准的四个学习领域之中

"数学代数""空间与图形""统计与概率""实践与综合应用"四个领域的课程内容，都为发展学生的推理能力提供了丰富的素材。所以数学教学必须改变以往培养学生推理能力的"载体"单一化（几何）的状况，要为学生提供自主探索、合作交流的时间和空间；要设置现实的、有意义的、富有挑战性的问题，引导学生参与"过程"；要恰当地组织、指导学生的学习活动，并真正鼓励学生、尊重学生，与学生交流合作，这样就能拓宽培养学生推理能力的渠道，从而有效地发展学生的推理能力。

5. 要培养学生的推理能力贯穿在日常生活的数学教学中

能力的发展绝不等同于知识技能的获得。知识可以用"懂"来描述，技能可以用"会"来描述，可以立竿见影。能力的形成是一个缓慢的过程，有其自身的特点和规律，它不是学生"懂"了，也不是学生"会"了，而是学生自己"悟"出了道理、规律和思考方法等。这种"悟"只有在数学活动中才能得以进行，因此教学活动必须给学生提供探索交流的空间，组织、引导学生经历观察、实验、猜想、验证等数学活动过程，并把推理能力的培养有机地结合在这一过程中。

总之，在数学教学中对学生进行推理能力的培养，对于老师，既能提高课堂效率，增加课堂教学的趣味性，优化教学条件，又能提升教学水平和业务水平；对于学生，不但能使学生学到知识，会解决问题，而且能使学生掌握解决新问题的方法。在小学数学的教学中，作为一名数学教师，应抓住时机，根据教材内容和学生的差异，设计恰当的教学内容，有的放矢地进行推理能力的训练。

参考文献

[1] 教育部. 义务教育数学课程标准（2022年版）[N]. 北京：北京师范大学出版社，2022.

[2] 王晓利. 小学生数学合情推理能力培养的策略研究 [D]. 南京：南京师范大

学，2011.

[3] 骆婷婷. 小学数学核心素养下推理能力培养对策探究 [J]. 考试周刊，2018（80）：81.

[4] 欧阳美来. 让推理提高数学学习效率——小学数学核心素养下推理能力培养对策探究 [J]. 当代教研论丛，2016（08）：49-50.

十二、核心素养导向的育人"生命力"
——育心、育德、育体啦啦操教学实践探究

赵立鑫

摘要：《义务教育体育与健康课程标准（2022年版）》中明确指出"健康第一"的指导思想，落实"教会、勤练、常赛"的教学思想，注重教学方式改革的路径，重视综合性学习评价以及关注学生的个体差异。啦啦操作为一项结合音乐与运动的集体活动，已逐渐成为体育运动中的重要组成部分。本研究旨在探讨啦啦操教学如何融入体育运动，以及其对提升学生体能、增进团队协作能力和提高学生自信心方面的作用。通过定性分析和案例研究，本论文将展示啦啦操作为校本课程的优势，以及其在促进学生身心健康、激发校园活力以及提升学校教学质量方面的积极影响。还将讨论通过啦啦操比赛和大课间活动，如何有效地促进学生的全面发展，并为学校创造一个更加和谐与富有活力的学习环境。

关键词：体育新课标；啦啦操教学；学生全面发展；校本课程优势

（一）《义务教育体育与健康课程标准（2022年版）》核心素养导向

《义务教育体育与健康课程标准（2022年版）》中明确指出"健康第一"的指导思想，落实"教会、勤练、常赛"的教学思想，注重教学方式改革的路径，重视综合性学习评价。关注学生的个体差异。新课标旨在推动学生全面发展，强调身体与心灵的和谐进步。核心理念在于培养学生终身体育锻炼的兴趣和习惯，提高其体质健康水平。新课标要求学校体育教学不仅要注重学生体能的提升，还要关注其心理健康和社会适应能力。通过多样化的体育课程和活动，新课标鼓励学生积极参与，增进自我认知，促进自我表达，以及发展团队合作能力。此外，新课标还要求教师创新教学方法，以满足不同学生的个体需求，确保体育活动的包容性和可持续性。

1.啦啦操教学实践探究与新课标目标融合聚焦

在实施啦啦操实践教学探究过程中，为充分发挥啦啦操特色教学活动作为一种兼具艺术表现和体育锻炼的技能，与体育新课标的目标有着天然的契合点。为此，在设计啦啦操教学活动时，将啦啦操结合学部阶段特色分为小初高

团队，以年级为小组，班级为特色展示队，与我校"幸福"教育契合，旨在锻炼学生身体素质的同时，提升其艺术审美和节奏感，与新课标提倡的身心协调发展的目标一致，指向学生的生命成长。

在啦啦操课程设计时将 PBL 项目式教学方式融入其中，明确阶段性任务目标，增强团队协作能力，裂变学生的社会交往能力和团队协作精神，符合课标关于社会适应能力的要求。此外，啦啦操的多样性和可塑性使其能够适应不同学生的兴趣和能力，满足课标对个性化教学的需求，并将我校各班级队各自的班风班貌展现得淋漓尽致，践行立德树人根本任务。

2.项目式主题教学新建构

自"双新"课改以来，促进学生核心素养发展已成为当今时代的主旋律，在回答"培养什么人？怎样培养人？为谁培养人？"这一教育的根本问题上，项目式学习为我们提供了一条新的路径。项目式学习是从真实的问题或情境出发，让学生以小组为单位，分工扮演真实生活中的不同角色，运用学科概念与原理，依托多种教学资料，通过小组探究，解决一系列真实问题。

在实施过程中侧重于以学生为中心，让学生在老师的指导下自主完成项目推进。在满足体育新课标要求的同时，策划主题及动作编排方面采取多元化教学策略；设计啦啦操课程时，融合创造性学习和技能训练，以不同维度适应不同年龄和能力水平的学生，彰显学校、班级、学生特色。

例如：

低段：一、二年级，明媚鲜艳样态

中段：三、四年级，文明涵养样态

高段：五、六年级，个性飞扬样态

开展啦啦操项目活动做到全员参与，注重教学过程评价提高学生的参与度，锻炼他们的创造思维和问题解决能力，结合学生优势、主题构思、音乐选取、道具使用、动作编排、队形变换、节目呈现等环节阶段性目标，以项目的方式开展主题阶段任务。

（二）啦啦操项目教学的"育人"功能

1.体能与协调能力的提升

少年强则中国强。结合学生实际情况和年龄特点，制定啦啦操项目计划给予学生健康的体魄、强壮的力量，对学生的体能和协调能力有着显著的提升效果。在开展该项目活动时，与体育、音乐、舞蹈老师进行课标解析与学科融合，查找学段特征共性。例如，体育新课标就明确提出"发展学生速度、耐力"要求，音乐学科要求五年级学生以音乐为载体整体感知并表现，融合舞蹈和体操元素，要求执行一系列的身体动作，如跳跃、翻滚和舞步，这些动作能够有效增强学生的心肺功能、肌肉力量和耐力。啦啦操的节奏感和动作连贯性也要求学生具备良好的身体协调性和节奏控制能力，这些技能的提升对学生日常生活中的动作协调和平衡感都有积极影响。通过定期的啦啦操训练，学生的身体素质将得到全面的锻炼和提高。

2. 团队合作与竞争精神的培养

根据体育竞技精神下啦啦操教学的实施与开展，啦啦操项目活动强调团队协作，每一个动作和队形的变换都需要团队成员间的精准配合。例如，在队列编排时，先后顺序及动作的衔接都需要学生统筹考虑，这种集体活动促使学生学习如何与他人沟通和协作，班级里每个孩子都是最闪耀的星星，他们是当之无愧的主角，在团队中，每个成员都扮演着重要角色，共同努力以达到最佳的表演效果。同时在啦啦操的练习过程中，这种团体互动过程能够培养学生的协作意识和团队精神，激发学生的竞争意识和追求卓越的精神，这对于他们将来在社会竞争中站稳脚跟是极为重要的。

3. 自信心与社交技能的增强

学校在校内外为学生提供比赛和表演平台，让学生在实践中学习如何面对竞争和压力，这有助于学生建立自信，同时学习公共表演的技能。通过这些策略，啦啦操教学能更好地满足新课标的综合要求。

参与啦啦操的学生在学习和表演过程中，不仅在技能上有所提高，更在心理和社交层面受益匪浅。啦啦操的表演性质要求学生在同伴和观众面前展示自己，这样的经历能够显著提高学生的自信心。

在学校啦啦操特色课程开展后共参与 5 次全国啦啦操赛事，2 次市级啦啦操赛事，随着技能的增进和表演的成功，学生在公共场合的表达能力和自信心将逐渐增强。此外，啦啦操作为一项团体活动，提供了丰富的社交互动机会，学生在活动中建立友谊，学习社交礼仪，这些社交技能对他们的长远发展至关重要。

（三）啦啦操项目比赛影响力与评价研究

1. 比赛准备对学生自我管理能力的影响

参与啦啦操比赛的准备过程是对学生自我管理能力的一次重要考验。在每次参加比赛时，都需要保持高度的专注力，老师要做好赛前引导，协助学生制订赛前筹备计划。例如，学生应学会合理安排时间、平衡学业和训练，这要求他们具备良好的时间管理和优先事项排序的技能。此外，为了保持最佳状态，学生还需要掌握自我调节的技能，比如，合理饮食、休息和恢复。自我激励也是重要的一环，学生需要培养内在动机，以维持长期的训练和准备。啦啦操比赛的准备阶段教会学生如何设立目标、制订计划并坚持到底，这些自我管理的能力将对他们未来的学习和生活产生积极影响。

2. 评价量表检测素养落地

学校注重教学评价，多次开展"学习'教育部办公厅印发《基础教育课程教学改革深化行动方案》'主题会议"，素质评价量表的出发点是核心素养，素养支撑了整个啦啦操教学自检过程。无论是单元教学还是课堂教学，都要确保教、学、评的一致性，并形成闭环，实现教学质量的螺旋式上升。为了让学生综合素质质量可评、可测、可见，根据学生发展特点构建评价量表。侧重从促进学生发展的角度调整现行学生综合素质评价的思路、方法，为学生全面发展、健康成长建立成长反馈调节机制。评价量见表2：

表2 评价量表

班级	①艺术表现力（表现力、感染力、自信力）（2分）	②动作编排（成套动作的编排包括节奏、乐句及风格进行编排，充分体现青春活力、健康向上）（2分）	③动作完成性（身体的姿态、力度、完成质量）（2分）	④音乐适宜性（表演要与音乐风格相符合、舞蹈动作要和主题相一致、音乐主题与活动主题相呼应）（2分）	⑤队列队形（动作一致性）（2分）	总分
1.1						
1.2						
1.3						
1.4						
1.5						
1.6						

3. 成功与挫折经历对学生心理健康的作用

啦啦操比赛中的成功和挫折经历对学生的心理健康有着深远的影响。成功带来的喜悦和成就感可以增强学生的自尊和自信，鼓励他们在其他领域追求卓越。然而，比赛中的失败和挫折也是宝贵的学习机会，它们教会学生如何面对不利情况，并从中吸取教训，学习如何从失败中调整心态并持续前进，对于培养学生的韧性和适应性至关重要。教育者和家长可以通过提供支持和指导，帮助学生正面理解失败经历，从而促进他们心理健康和情感发展。

（四）啦啦操专业教师的角色与发展

1. 教师对啦啦操技能与知识的深入学习

啦啦操教师需要具备深厚的专业技能和全面的知识体系。在开展啦啦操项目教学时，重新夯实啦啦操的基本动作，理解其背后的艺术表达和体育科学，深入学习动作技巧、音乐节奏和队形设计，以及如何将这些元素融入学生的学习过程中。通过参与持续教育、工作坊和行业会议，保持与最新教学法和技术的同步，提高自己的教育实践，确保学生能够在安全和和谐的环境中学习和成长。

2. 编排套路与创新教学方法的研究

创新教学方法对于吸引和保持学生对啦啦操的兴趣至关重要。在编排套路时要考虑到动作的多样性以及表演的整体流畅性，同时融入创新元素以激发学生的创造力。研究表明，包括多媒体工具、互动游戏和故事叙述在内的创新教学策略可以显著提高学生的学习积极性。通过实践和探究，开发出适应不同年龄和能力水平学生的教学方法，从而提高教学效果和学生满意度。

（五）总结

未来，啦啦操特色课程将继续通过"幸福课程"广阔舞台，在体育新课标的要求下为学校提供创新的体育教育模式，积极探索核心素养下满足学生发展的新路径，践行立德树人育人使命，打造高质量发展的育人新方式，让幸福教育成为温暖孩子一生的光，为培养全面发展的社会主义建设者与接班人奠定坚实基础。

参考文献

[1] 张青，朱亚成. 啦啦操项目的价值、功能及推广策略 [J]. 辽宁师专学报（自然科学版），2023，25（03）：88-92.

[2] 吴晓云. 小学啦啦操教学训练方法摭谈 [J]. 云南教育（小学教师），2023，（Z2）：34-35.

[3] 周洪双，李晓东. 啦啦操，动起来！[N]. 光明日报，2023-08-02（008）.

[4] 毛小平. 啦啦操对我国青少年体质健康的促进作用研究 [J]. 文体用品与科技，2023（13）：135-137.

十三、信息技术提升初中生英语口语能力

崔晓宇

摘要： 本文对初中英语口语教学中应注意的问题进行了探讨。本文指出，在初中英语口语课上及课下运用信息技术可以扩大英语口语的表达与交流范围，提高学生英语口语的自信心，建立一个情感交流的互动型平台，并对英语口语的学习进行多种形式的评价。

关键词： 信息技术；初中英语；口语能力

伴随着新课改的深入推进，以及互联网信息技术的发展与流行，初中英语的口语教育存在一定的局限性和滞后性，因此需要引进快捷方便的信息技术。在此背景下，我们可以看到初中英语课堂上所采用的常规课堂教学方式，其不足之处已日益显露出来，很难为学生创造一个好的学习环境。然而，信息技术与口语教育的结合，将大大改善初中英语口语教育，使其呈现出一种生动形象的信息化面貌，从而提升学生的英语口语水平，扩大口语教育范围，从而促进初中英语口语教育信息化的发展。

（一）如何培养初中生的英语口语能力

英语口语表达是指人类利用不认识的语言资料，按照一定的语言规律进行的一种交流行为，涵盖了听、说、读、写等各个环节。具体包含如下：

1.听力技能：即学生在英语听力和听力训练过程中所培养出来的语音识别、语音记忆、盲语理解和言语判断等技能。

2.语言能力：是在语言和听力过程中培养出来的内在组合代码能力、快速编码能力、准确发送代码能力、有方向性的传递能力。

3.应变的技巧：是在口语交流的场合和行为中，交际人要及时调整和改变自己的语言，以保证口语交流的顺畅。综上所述，在英语的口语教育过程中，老师要调动和提高同学对英语的学习热情，让同学们形成一个好的学习英语的习惯，掌握英语口语的学习与交流的方式与策略，让同学们具备独立的英语口语能力，以及听、说、读、写等方面的技巧，这样才能更好地让同学们理解中西语言的不同，提高英语的口语表达能力。

（二）信息技术在提升初中生英语口语能力方面的优势

由于计算机和手机的广泛应用，使我们可以更加方便地利用互联网来进行交流，因此，将微信、微博、QQ、App 等社会化工具引入初中英语的课堂中，可以方便初中英语的课堂教学，使之更加多样化，更加个性化。在将信息技术和初中英语的口语教育有机结合的基础上，老师们应该妥善地对待信息技术和英语的联系，更好地发挥信息技术的作用。

1. 可以扩大英语的口语表达与沟通

在初中英语口语课上，由于其快捷方便的特点，大大增进了师生的关系，创造了一个平等、和谐、愉快的口语练习环境与气氛，使同学们的英语口语从原来的文字沟通，变成了语音、图片、视频的口语沟通，从而突破时空的局限，在英语口语课上，同学们可以运用生动有趣的信息技术进行互动，以及克服了自己的焦虑与害怕。

2. 可以提高学生在英语会话方面的自信

因为英语和汉语之间的巨大差别，使很多学生不愿张嘴说话，并且会产生英语口说时的紧张情绪，从而使他们很难主动地参与英语口说教学活动，而运用信息化技术则能够为学生提供与其对等的交流机会。在信息技术的一对一、一对多、多对多的互动模式下，同学们能在"智能课堂"里轻松而平等地交流，大大降低了他们心理紧张的情况，提高了他们英语会话的自信。

3. 能够获得更加广泛的资讯

通过多媒体、微信等信息技术提供的语音、图片、音频、视频等信息资源的支持，使初中英语口语课能大大充实语文教材的内涵，扩大资讯渠道，充分激发了同学们英语口语练习的积极性，也大大提高了英语口语的学习效率。

4. 以多样化的方式进行英语口语教学

在多媒体和微信等信息技术的辅助下，英语课堂上，通过微信的声音功能，及时对英语课堂进行检查、反馈和评价，是一种很好的方法。在初中英语的口语教学过程中，学生能够利用诸如微信这样的信息化工具，进行自我评价和相互评价，从而使英语的口语教学达到一个多样化的水平；全方位提高学生英语的口语交流水平。

（三）利用信息技术提升初中生英语口语能力的措施

1. 利用 QQ、微信建立群聊或小组

例如，QQ、微信等的应用就是为了解决不能相聚的问题。在两个人不在

一块的情形下,为了能够让教学状态和教学效果都能得到一种行之有效的方式,例如,当两个人处于不同的位置时,学生和教师可以一直保持着交流沟通,并持续进行尚未结束的教学,教师还可以用 QQ 和微信来回答学生的问题,从而对教学有所帮助。与此同时,新式教育也展现出了许多创新的教学方式。例如,在课堂上成立一个群。组员以英语为基本语言进行交流,不能以学生与学生的对话方式进行交流。在课堂上,所有的学生和教师都要尽量用英语沟通,创造一个说英语的环境。

2. 拓展教学资源

随着信息技术水平的不断提高,信息化教学开始成为当前教育教学中的一大发展趋势。在信息化背景下,教学资源呈现出爆炸式增长的趋势。在初中英语口语教学过程中,应充分探究校外资源,以及利用校内外相结合的文化机构,比如英语角、校内电视台,通过合作、交流、展览的方法良好整合,构建口语教学机制,从而给学生口语实践提供展示平台,提高学生参与英语口语教学的主动性。比如在英语角的交流中,可以以学校社团为主,在特定的时间组织专题性质的英语交流活动。比如在春节时,让学生转变为多个国家的宣传大使,进行有关节日的演讲,推广国家的民族风情。传播优秀的中华传统文化。

在这一基础上,教师要求学生结合我国的民族风情,写下祝福语,为家人送上精美的礼物。为了提高学生的参与热情,教师要提供有效的渠道,让学生把自己的口语演讲作品传到网络学习空间或者是在线学习平台中,供其他学生点评以及投票。利用这种英语口语活动,帮助学生丰富课下生活,强化他们对我国文化的理解,加强国际文化交流,提高学生的跨文化意识。学生所上传的英语演讲作品,能够被作为珍贵的教学资源存储下来、分享出去,能够丰富学生的学习方式,进一步提高学生的信息素养。

3. 使用各种口语训练 App 进行语言训练

“学习心理学”通过使用智能的辅助系统,可以让学生在口语上得到极大的帮助。很多人都不愿意与自己的老师和朋友用英语沟通,其中一个很重要的因素就是害怕会说错话,觉得无法清晰地表示出自己的意思。这也是我国初中生所面临的一个巨大的困难,让他们难以和外国朋友进行沟通,无法使用智能语言辅助肢体语言。因此,他们会更努力地练习说英语。从而达到一个良好的循环,不断提高自己,实现实质性跨越。

4. 运用网络资讯科技来提升英语口语表达能力

因特网是随着资讯科技的进步而产生的。其快捷的资讯搜集和百度百科解答功能，为现代年轻学者提供了强有力的学习帮手。通过网络能够让他们对国外的重大新闻事实、风景名胜、人文风俗等有所了解，这样可以使他们在不同的情境下提高他们的学习兴趣，开展他们的文化研究，更好地与外国人进行交流也是有益的。同学们可以在网络上寻找自己在学习中所遇到的问题，并在不同的老师和专家的指导下得到答案。此外，同学们还可以在网络上收听国外的日常英语交流对话。并模拟自己所喜爱的明星的声音，在持续的听力练习中提高自己的英语表达水平。

结语

在信息技术日新月异的今天，可以运用信息技术手段让口语教学获取理想的效果，对学生来说，课堂学习会变得更加多元，对英语口语教学而言，互联网中丰富的教学资源对学生的口语练习很有帮助。初中英语口语教学中，教师要有意识地引入现代信息技术手段，提高教学质量，提高初中学生的口语能力。

参考文献

[1] 胡小茜. 移动学习工具提升初中生英语口语能力的应用研究 [D]. 昆明：云南师范大学，2021.

[2] 刘黎雅. 提高农村初中生英语口语能力策略探析 [J] 校园英语，2020（26）：127-128.

[3] 唐慧艳. 提升学生英语口语能力的策略研究 [J]. 现代英语，2021（02）：114-116.

[4] 王海燕. 利用信息化平台提高初中生英语口语能力的方法 [J]. 名师在线，2022（29）：67-68.

[5] 赵欢迎. 利用信息技术提升初中英语口语能力的策略研究 [J]. 新课程（中学），2021（01）：118.

十四、小学体育教学"学、练、赛、评"一体化的体育课堂教学设计与价值研究

——以"原地侧向投掷"为例

李雄欢

摘要： 随着《义务教育体育与健康课程标准（2022年版）》的出台，对小学体育教师提出了更高要求，教师要改变传统的教育方式，引导学生运用科学的方法获得体育知识和技能，使学生形成健康的体育观念，保证学生在体育运动中获得良好发展。本文以新课标为背景，将教学案例与"学、练、赛"一体化的课堂实践研究融为一体。从学生认知水平、学习内驱力、运动技能、运用能力、体育品质五方面剖析与阐述"学、练、赛"的教学价值，以从"学、练、赛"三个维度落实体育课堂中学生运动能力的发展、健康行为的养成以及体育习惯的形成，进而为体育教师提供实践性的指导意见与参考。

关键词： "学、练、赛"；体育教学；教学设计；教学价值

（一）"学、练、赛"一体化的内涵

"学、练、赛"一体化教学模式是对整个教学环节的简单总结，是运用在教学活动中的全过程链条，是整合各类教学方法的完整体系。

"学"即教师向学生传播知识或学生自学的过程，教师按照一学期的课程安排，设计本堂课的主要内容，结合需要达到的效果，以语言、图片、视频或示范等方式，让学生在课堂上接受到基础知识。学生的学习也可以以小组讨论的形式进行，教师为学生划分小组后，给予他们相同或不同的话题使其展开讨论，最终每个小组都能获得独特的结论，以达到学习的目的。

"练"是巩固已学到知识的过程。教学的目的是让学生真正掌握知识，并学会运用，尽可能做到举一反三，但是每节课的知识都是学生们刚刚接触到的，他们需要一定的时间练习才能真正掌握。通过练习，学生们可以将课堂中的知识应用到实践中，用实践来验证结论，用结论来发现新的问题，这样的练习才是行之有效的。

"赛"是提高学生学习与练习的重要手段。学习是提升能力的基础，练习是途径，那么比赛就是提高学生学习的积极性，增强学习动力的方法，通过比

赛的方式，让学生发现自身不足，学习其他同学的优点，从而取长补短。在比赛的模式下，学生们还能增进相互间的友谊，磨炼自身意志，提高个人道德修养。"学""练""赛"三者之间互相独立，又互相联系，是教学活动的共同体。"学"为"练"所用，"练"为"学"的目标，"赛"为"练"的手段，"学"为"赛"的基础。

（二）"学、练、赛"一体化在体育教学中的价值

1.能够让教师更加注重体育与健康课程实施的整体性

只有"教会、勤练、常赛"整体推进，不单独强调某一方面，才能体现综合育人。与此同时，体育教师的站位会更高，视野也会更广，以更加多元的教学方式开展体育教学。

2.能够有效落实体育学科核心素养的基本要求

与学习运动技能相比，激发学生的兴趣是更难的，让学生享受乐趣也是最难突破的。当把学生"教会"，学生就会有成就感，不仅更加乐于参与其中，对后续的练与赛也能保持持久的学习热情。对其运动习惯的养成也有更大的促进作用。如果能够确保学生练习的质与量，促进学生体质健康、锤炼意志也更容易实现。如果让每一个学生都有机会参与比赛，体育精神的塑造尤其是健全人格的培养，也将更加容易实现。

3.丰富单元教学内容

根据体育运动项目的不同设置了不同的单元教学。"学、练、赛"教学模式的提出丰富了单纯的单元教学内容，将运动项目的不同运动技术动作分配到每一课时中进行教学，传统的单元教学内容将变得丰富，改革传统的单元教学模式，这样有利于学生掌握与吸收运动项目的单元内容。

（三）在课例"原地侧向投掷"中"学、练、赛"模式的教学设计

1.指导思想

本课以"健康第一"为指导思想，以新课程标准为依据，以学生发展为中心，体现学生的主体地位，启发学生思维，提高学生自主学习的能力，培养学生良好的创新意识和合作精神。通过小学生喜闻乐见的形式，让学生在自主、合作的氛围中学习、活动，引导学生在"玩中学、玩中练"的过程中，主动探究投掷的动作要领，掌握投掷的正确动作，进一步激发学生对投掷运动的兴趣。

2.教材分析

本课教材为四年级体育与健康内容"投掷"，投掷是学生日常生活中必须具备的基本活动之一，通过跨学科融合培养学生热爱劳动、积极锻炼的习惯，促进学生的德智体美劳全面发展。投掷在我们的生活和体育锻炼中常常用到，

如抛接物品，篮球中的传球、投篮，足球的掷界外球，羽毛球的挥臂扣球等。经常参加投掷运动不仅能有效发展上肢力量、协调性，增强腰腹、肩带力量，还可以改善神经与肌肉的协调性，进而提高用力的准确性，并培养人自信、果断的心理品质。投掷教材在水平一时以投掷游戏、投掷纸飞机等形式开展过教学，学生已有一定的投掷体检，为进入四年级后学习侧向投掷以及上步投掷垒球打好基础，本课通过学科融合进行学、练、赛巩固技术动作，使学生初步理解鞭打、蹬转、出手角度以及出手快速有力与投掷远度的关系，为今后学习篮球中的传球、排球的扣球、足球的掷界外球、羽毛球的挥臂扣球等奠定扎实的基础。

3. 学情分析

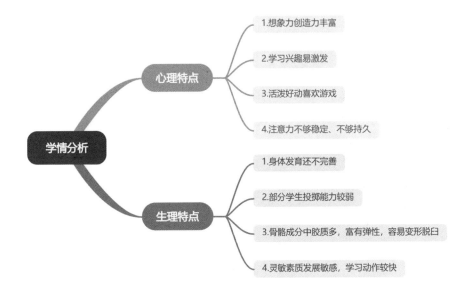

图 4 学情分析思维导图

4. 学习目标

运动能力：通过"学、练、赛"，学生能够明晰动作要领，主动做出侧身转全正面快速挥臂投出沙包的动作。以投沙包为主线发展投掷能力，并将此能力迁移应用到其他活动中。

健康行为：在"学、练、赛"中，学生通过观察模仿、自主体验、合作探究、小组展示、比赛等活动，提高体能，发展基本活动能力。

体育品德：学会合作及与他人良好沟通，提高人际交往能力。

5. 教法学法

本课例基于学生发展需要，以活动为载体，学科融合、创设情境，借助游戏、组合练习、比赛等方式激发学生主动学习，使其学会从正面过渡到侧身转体快速挥臂投掷方法，为今后助跑投掷做准备。预留探究空间，让学生在活动中发现问题与解决问题，学技术用技能，提高投掷能力，发展基本活动能力，培养团结合作、积极进取的良好品质和高阶体育思维。

教法：讲解法、游戏法、比赛法、鼓励评价法。

学法：观察法、竞争法、探究法、优生示范法。

6. 教学流程与重、难点

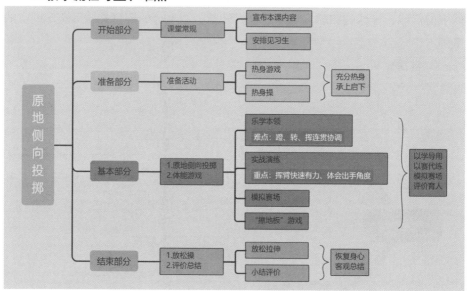

图 5 教学流程及重、难点

7. 单元教学计划

表 3 投掷单元计划

投掷单元计划				
基本信息	学科	年级	学期	教材
	体育与健康	四年级	第一学期	人教版
课时信息	序号	学时	课时名称	对应教材
	1	2	原地侧向投掷与游戏	第四章
	2	3	原地侧向投掷沙包（或垒球）	第四章
	3	4	上步投掷沙包（或垒球）	第四章
	4	5	双手前掷实心球	第四章
	5	1	发展投掷练习与游戏	第四章

8. 各环节组织过程

（1）准备部分

游戏导入——抓尾巴、劳动最光荣热身操

通过游戏促进学生判断力、时空感，以及身体动作的协调性、灵活性，提升学生课堂注意力，激发学生的学习兴趣。使学生从身、心两方面做好学习投掷的准备。

（2）基本部分

① "乐学本领"以用导学，学会方法。

用毛巾让学生通过自由体验、互相探究、分组尝试、个别练习、分层指导、集体练习等步骤，让学生在实践过程中摸索出最佳的投掷方法，总结出投掷动作要领，解决动作的重难点。

② "实战演练"以赛代练，强化技能

用自制教具——投掷横杆做为拦截网进行"对垒投掷"的游戏，在投掷杆两边，各一组学生持手中毛巾球进行投掷，在规定的时间里哪边毛巾球少哪边获胜。在强化投掷动作的同时稳定了学生的投掷高度，在比赛中得到练习和巩固。

③ "模拟赛场"以赛促用，学以致用

通过游戏"投过封锁线"，距离投掷线远端有三条不同距离的标记线，距离依次增加，分别是1号封锁线、2号封锁线、3号封锁线。所有队员分成四组，每组学生依次进行投掷，投掷过1号线的1分、2号线2分、3号线3分。

使学生在比赛中检验技能动作以进一步加强和巩固，并在比赛中体会顽强拼搏、公平竞争、团结协作的体育精神。

④补充体能，促进技能

游戏"优秀小劳模"将学生分为四组，学生用毛巾做擦地板动作，进行迎面接力。通过体育劳动游戏发展本节课主教材未设计的运动能力，为学生身体协调发展打下基础，进一步培养学生热爱劳动的品质。

（3）结束部分

通过放松活动"一路生花"充分放松学生们的身体，教师总结本课，引导学生说出本课学习的重点，注意易犯错误动作等。

（4）课后反思

课堂开始，它好比一场电影，每一个环节有层次，有递进的学、练、赛场景中不断有期待和新挑战。能激发学生的好奇心，使学生产生求知欲，诱发出最佳的心理状态。但是在这堂课中，我出现了以下几点问题：

①讲解游戏规则时，不够简洁，过于啰嗦。

②课堂中未考虑到左右手协调发展，在练习时只练习了右手。

③各环节链接时，过渡语言比较生硬。

（四）学练赛在课例"原地侧向投掷"中的应用价值

1.教具选择

（1）运用毛巾作为教具，贯穿于教学始终，体现一物多用的教学理念，让学生在学中玩、玩中学，从而达到锻炼身体的目的。

（2）自制教具投掷横杆与游戏"对垒投掷"相结合，解决学生出手高度和速度的问题，发展投掷能力。

（3.）运用黑板绘制投掷挂图，让学生通过自由体验、互相探究、分组尝试、个别练习、分层指导、集体练习等步骤，让学生在实践过程中摸索出最佳的投掷方法，激发学生的练习兴趣，提高学习效率。

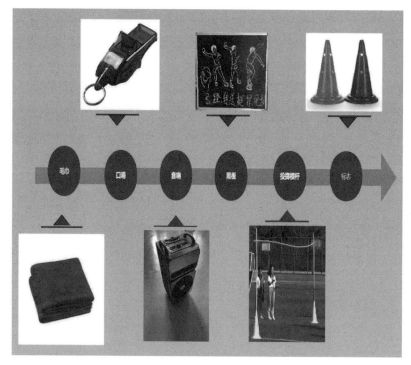

图 6 课堂器材

2.与生活情景融合

热身操"劳动最光荣",基本部分以生活中的体育活动导入,并结合教材的体能游戏,争做优秀小劳模,与生活、劳动融合,培养孩子们热爱劳动、热爱生活的态度。

图7 "劳动最光荣"自编操

3.学习技术,训练思维

(1)如通过问题导入:用毛巾可以模仿哪些体育运动?学生们开动脑筋,可以抛接,可以投掷,可以击剑,可以跳绳等,激发了孩子们的创造性思维。

(2)如通过观看小黑板挂图探究学习,培养学生动作思维能力和分析思维能力,总结技术动作培养学生的逻辑思维能力和表达能力。

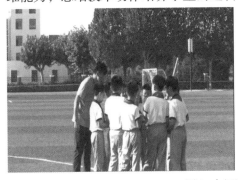

图8 小组讨论及展示

4.探究学习,以赛代练

心理学研究表明,新颖刺激是学生关注教学内容的重要因子,让学生在有层次、有递进的学练场景中,就会不断产生新期待,尝试新挑战。①通过挂图探究学习与展示,能够提高学生的想象力、创造力和表达能力。②以游戏"对垒投掷"比赛代替练习,解决教学重难点,提高练习效率,激发练习兴趣。

图 9 以赛代练

5. 评价

表 4 核心素养评价表

核心素养	学习表现	评价方式	优秀	良好	再努力
运动能力	1. 投掷姿势正确 2. 动作协调，投掷较远	自评			
健康行为	1. 认真听讲，积极讨论 2. 热身活动积极，剧烈运动后及时拉伸	互评			
体育品德	1. 遵守规则，诚实守信 2. 团结协作，互相帮助	师评			

参考文献

[1] 于素梅. 义务教育课程标准（2022 年版）课例式解读体育与健康 [J]，中国学校体育，2022，41（08）：68.

[2] 戴轶人."学、练、赛"在体育教学中的价值及运用 [J]，中学教学参考，2021（18）:19–20.

十五、只有提升自己才能助力学生

马跃勇

对于老师遇到问题的情况，我个人认为老师是核心，起着主导作用。

首先，和学生的关系不应该是靠拉拢，因为碰到原则问题很容易造成关系破裂，老师也会觉得付出得不到回报。对此，我的建议是：和学生的关系首先应该是建立在民主、平等上的，学生和老师都有表达和否定的权利。良好的课堂纪律是建立在良性的班级制度基础之上的，我们是在用学生民主讨论制定的制度在管理，而不能靠个人关系和感情用事。学生对老师的评价应该建立在教学相长的基础上，学生亲其师信其道，老师因材施教，平等地尊重、信任、关爱每一个学生。

其次，对于学生问题的认识。学生在成长阶段出现问题是必然的过程，初一的孩子，对于问题的认识比较肤浅，这个时候恰恰是培养他们做人和形成学习习惯的良好时机。学生出问题是教育的机会，不是麻烦。解决这个问题你才能和学生一起成长。台湾的金惟纯先生说：在人与人的关系中只有两个念头，其一，叫作"我想不想和你在一起"；其二，叫作"我想不想和你一样"。老师和学生更是如此，了解、认可、信任、鼓励学生，他才会愿意和你在一起，才会愿意信任你，这个时候教育才会真正发力，而且是源源不断的动力。耐下心来，认真聆听，做到心理上的情感认同，从孩子每一个细微的习惯开始鼓励，不问前程，静待花开。

再次，对于教学，老师讲课效率的高低不是靠纪律维持出来的，而是靠挖掘学生的兴趣点，从而引导学生进行积极的思考，让学生和学生、学生和老师的思想碰撞出火花，知识联系到他们的实际生活，能够启发他们进行思维训练，让他们通过上你的课对生活多了一个认识的新角度，从而体现自我价值，并形成了一个互动的氛围，这时也就不用去考虑课堂纪律，因为他们都在思考当中，达到了效率最大化。

最后，学会控制情绪，也是对学生的一种教育。我们不是表达情绪，而是传授智慧。对于老师而言，提升自己是关键。不仅仅是专业知识和技能的熟练，更主要的是多读书提升自己的智慧和修为。因为每个人的性格和经历不同，任何人的方法和技巧都不能照搬，只有自己提升了智慧才会衍生出技巧，才是最适合自己的。我特别喜欢北大教授杨立华的一段话："人生需要锚，就好像你在惊涛骇浪的大海中，那什么东西才能锚定你的人生，那就是能压住你的人生，给你人生以分量的那几部经典。熟读经典，就是借此来打开自己，真正地去聆听那种思想的精神指引。让阅读成为提升自己的力量，时代泡沫涌上来的时候，你看着很多很热闹，等到退潮的时候，剩下的一定是真正的那个坚硬的自立的恒久的东西。人不能让自己的生命比时代的泡沫灭得还快，只有真正深入自己时代的人，他对那个时代的具体感知，才是真实鲜活的。也只有能够超然于时风之左右跟影响的人，我们说贯四季而长青，才有所谓君子人格！"老师通过读书，读经典形成自己的人生智慧，宽阔的人生胸怀，令人敬仰的人格，境界提高了自然会潜移默化地影响学生。

　　我们老师也是芸芸众生的一分子，走在人生的道路上，会遇到形形色色的人和事，你待人如家人，你就在家；你待人如陌路，你就是过客；若人以过客的身份经历这一生，这一生就算没回家，这世界也不是你的家。什么叫"天下一家"，这与别人无关，只与自己有关。你心中容得下多少人做家人，你在这世上的家就有多大。希望我们都是有爱的四处为家的人！

十六、如切如磋　如琢如磨

武小爽

作为一名青年教师，去年我来学校就教高一年级 4 个班的历史，尤其还要带科技火箭班，当时我很担心自己不能胜任，很不自信。但无论是去年网课时学生给我的反馈，还是今年期末高中部进行调查时学生的评价，都让我很感动。我没有想到能收到这么多的肯定和鼓励。在翻看学生的评价的感动之余，更多的是激动和喜悦，有这么多同学说我温柔、漂亮，我心里肯定是非常高兴的。我怎么能不高兴呢？但说实话，说我美丽、漂亮，我好像还有点心虚。静下心来，我想或许学生们的褒奖是对我过去一年教学的认可吧，我觉得有些东西可以跟大家分享一下。

好学校，好领导

首先，来到一所好学校，遇到了好领导。景昃鸣禽集，水木湛清华。马校长的教育情怀、教学理念不仅让我感受到了一位教育者矢志不渝的理想，在我心里播下了对于教育的憧憬和期待的样子，也激励着我在教学上不断求索。吴校长循循善诱，总是站在研究的视角看问题，给了我很多教学上的启发。过去一年，马校长和吴校长多次在高中部进班听课，每次听完课，他们都会给我肯定和鼓励，并提出切实可行的改进建议，像"聪明的老师退一步""给学生搭台阶"等，我都深深记在心里。怎样做一个聪明的老师？这一年我都在不断地琢磨和实践。

好伙伴，好师父

其次，我也遇到了一群好伙伴，更遇到了一位好师父。高中部各位教师在学习中相识，又在相互学习中相知，勠力同心，探索新课标、新高考情境下的教育教学模式。高中部有非常浓厚的教研氛围，我们高中部教师在一个大办公室备课。每天各科老师都会主动分享他们了解到的学情，一起出谋划策，学习彼此的管理之术。我们还会跨学科听、评课，走进课堂，相互学习，汲取智慧。就像马校长常说的"泡菜水决定泡菜的味道"，我每天都浸润在各位优秀老师的教学智慧里，自然也收获良多。在"导师——学习伙伴制"师徒结对活动中，我很荣幸能与刘淑媛老师结成学习伙伴。刘老师是语文特级教师，为人温和，自带一股优雅之姿。每当我有疑问请教刘老师的时候，刘老师都会非常详细地帮我解答。听刘老师的课会有种如沐春风的感觉，我总能在不经意间备受启发。我记得有次听课时，刘老师从讲甲骨文的"比"字，引申到为何我们常用败北而不用败南，当时只觉得刘老师能将甲骨文信手拈来，妙趣横生。后来我在讲西周宗法制度时，想进一步加深学生对宗法制下中国重亲情传统的理解，突然想到可以从宗的甲骨文入手，后来每当学生做有关宗法制的选择题时，他们总能联系到血缘关系上，从而做出正确的选择。后来学生也经常跟我开玩笑说："老师，你怎么越来越像你师父了？""老师，你的板书风格越来越像刘老师了！"我心里也会想，或许这一年来，刘老师的教学风格和行为举止潜移默化中影响着我，我也仿得与刘老师几分形似吧！

细想这一年来，校领导高屋建瓴地指导着我的教育教学理论，刘老师在教学实践中帮我指点迷津，学生的认可和鼓励，都增加了我的信心，激励着我不断成长。

新时代，新标准

而在成长过程中，多场关于新课标、新高考的培训给了我很多启发。有次上了一个月的课，好不容易休息两天，却要从早到晚参加培训，觉得挺累的，但培训结束，我却收获满满。主讲的老师既有参与新课本编写的大学教授，还有解读新课标和新高考的一线骨干教师，可以说我对新课标的理解、偏爱与重视直接来源于这次培训。历史演变，但万变不离其宗（主旨）。以历史教材为宗，"课程标准"是教学的重要抓手，明确教学重难点。备课时，我很注重设定清晰的教学立意，厘清教学逻辑，不断切磋琢磨，凝练课堂语言。上课时我注重围绕主线，结合历史故事，和学生一起总结规律，让思考发生。源于对历史的热爱，我一直觉得讲历史是一个愉快的过程，而我想把这份愉快传递，让学历史也成为一件有趣的事。而想让课堂引人入胜，归根结底，还得不断打磨自我，修学储能，提升自己的知识储备、教学水平甚至人格魅力。

教、学、评一体化

作为一名青年教师，在高中部教、学、评一体化建设之下，教学中我多方位思考教、学、评的有机结合。以高考为指挥棒，在反复琢磨中深化对高考的认知。研究高考题，第一步便是搜集和整理工作，从不同地区、不同年份的成套高考题，到按课本整理的汇编类高考题，每周我都会做上一点。备课时我会在看完教参后，浏览本课对应的 5~10 年的高考题，也会在 B 站上看一些历史区 UP 主分享的讲解视频。整理、做题，再总结，多多少少都会有所收获。比如这两年常出历史地理类综合大题，所以我教学时特别注意将历史事实和时空观念相融合。而一些总结性的文章，更是让我直观地注意到高考要考什么。我想这些基本功都会回馈到我平常的教学中，让重点更突出。

作为一个大学四年、研究生三年泡在图书馆的历史人，自认为我还挺善于学习的，而我的不自信其实源于教学实践，没有经验。但好在，在吴校长的带领下，"321 生本课堂教学模式"让我找到了基本的教学规范。在吴校长提供的大框架下，我会在学科网和中学历史教学园地等教学资源上搜集资料，然后结合自己的思路，整理每节课的学案。课堂上，通过合作学习，与学生一起架构知识体系和脉络，强化重点知识；自主学习和探究学习构建思维导图，总结历史思维，并让学生当堂展示。

我很喜欢倾听学生的想法，关注学生，通过师生互动生成课堂。在学"拜占庭帝国的灭亡"这一节时，我的教学计划是结合时空观念简单串一下其兴亡史。但上课时有个同学小声说了句"乌尔班大炮"，我脑海里突然浮现了《人类群星闪耀时》那本书中描写的君士坦丁堡陷落时，有一扇没有关闭的凯尔卡门，那天课上我顺势讲了大炮没有攻破的拜占庭，却因为一扇没有关闭的小门而灭亡的故事，引来了同学们关于历史的偶然性和必然性的思考。我以我所习得的知识引导课堂，学生以他们所拥有的知识反馈课堂，我们共同生成课堂，每一堂课都会独一无二。

有些同学从小便很喜欢历史，或者是初中的历史教师点燃了他们的兴趣，所以历史课堂上，我能感觉到有些同学眼里是有光的。我很珍惜那束光，这一年来，我常对自己说，如果我不能让那束光更亮，至少也要守住那束光，不能因为我知识、经验的不足而让那束光黯淡。随着对学生了解的加深，我越来越敢于把课堂交给学生。有一段时间学生感冒发烧的比较多，我也生病了。那天下午上课时，有个同学突然说："老师，让我来讲。"在没有准备的情况下，他登上了讲台，讲了 10 多分钟，其间同学们和他互动得特别积极，就连生病趴在桌上的同学也跟着说了起来，动了起来。在学习一战史和二战史时，更是有学生主动跟我说想讲课，在我提供电脑的情况下，他们进行了资料的搜集和整理，制作了PPT，并且像个老师一样站在前面绘声绘色地讲课。而我则像个学生一样在后面做笔记。每当学生展示的时刻，我都能从他们的眼里看到光，也能感受到他们的喜悦。所以我常想，他们眼里的光让我有了精益求精的动力。"水本无华，相荡乃生涟漪；石本无火，相击而发灵光。"老师与学生都是一团火，师生之间互相点亮、互相温暖，相互成就，这是我现在理解的师生关系。

今年期末金太阳联考，4班学生在联考中全方位第一，5班艺体学生的成绩也相当不错。我知道这份成绩背后不仅有我和学生的努力，还有着吴校长、王主任和各位班主任的付出，这份成绩让我对之后的教学有了更多的信心。

"有匪君子，如切如磋，如琢如磨……"一年的教学，我进一步从理论到实践，切磋琢磨，在怀疑中相信，审视自我。文艺复兴时期的雕塑家米开朗琪罗曾说："雕塑本来就在石头里，我只是把不需要的东西去掉了。"作为一名教师，我是一位雕刻者，在教学之路上切磋琢磨，以求让每一个藏在石头里的"璞玉"闪耀光彩！但我想，也许我也是一块璞玉，琢磨复琢磨，不断打磨自我，更要打扮自己，才能心安理得地接下"温柔、美丽"的评价，在教学之路上闪耀光彩！

为教学雕琢，璞玉方闪耀。在深谙教学之道的成熟老师的带领下，我当切磋琢磨，着力打造高中部这张金名片，尽己所能，为社会培养积极向上的有用之才！

十七、一年级下册《语文园地三》

孙英杰

（一）整体设计思路，指导依据说明

当今语文教学中，《新华字典（第12版）》扮演着不可或缺的重要角色，被普遍视为学生学习的得力助手。这部字典不仅是一本工具书，更是经过长达七年的精心编写和严谨筹备，是致力于适应新时代读者需求的产物。字典在不断更新和完善中，以确保始终与时俱进，为语文教学提供最新、最全面的支持。在丰富而深刻的语文教学背景下，查字典的三种方法成为提升学生语文能力的有效工具。语文课堂上，教师通过引导学生使用音序查字法，培养学生主动学习的习惯。通过实际例子的演示，学生更深入地理解这些方法的应用，激发了对语文学科的浓厚兴趣。作业超市中的练习和任务不仅是学生在个人学习中的挑战，也为教师提供了有效手段以评估学生语文水平和字典运用能力，种种任务设计通过巧妙融合字典知识和实际应用，使语文教学更加生动有趣，学生更主动地参与学习，从而整体提高语文学科的教学效果。

（二）教学背景分析

1.教学内容分析

音序查字法是统编版语文一年级下册《语文园地三》第一板块的内容，由查字典的三个步骤、音序查字法口诀和查字练习组成。本教材在《语文园地一》和《语文园地二》的"字词句运用"中分别安排了有关大写字母"找一找，连一连"和"读一读，记一记"的练习，为《语文园地三》音序查字法的正式学习做了准备，体现了统编本教材编写的系统性。教材在安排上，先让学生读懂查字典的三步要求，借助例字"厨"的教学，让学生学会正确运用音序查字法查字典，熟记音序查字法口诀，在此基础上运用方法学会自己查找生字。教材编排循序渐进，符合一年级学生的能力特点，并让学生养成勤查字典的好习惯，也为二年级学习程序烦琐、技巧更强的部首查字法做了铺垫。

2.学生情况分析

学会查字典，既能提高学生独立识字的能力，又能起到辅助学生进行自主阅读的作用。统编版一年级下册教材《语文园地三》安排了用音序查字法查字

典的内容，这是一年级的孩子第一次正式接触字典，他们对小小的字典充满了好奇，对识字有着迫切的愿望，承接第一单元学习了音序的相关知识，本单元在相关语境下学习音序查字法也是顺理成章，也正因为第一次接触字典，同学们对厚厚的字典中密密麻麻的汉字也会产生敬畏感。

（三）教学目标分析

1.通过认识《新华字典》，了解《新华字典》的发展历程，产生与字典交朋友的兴趣。

2.复习汉语拼音字母表，并学会使用音序查字法查字典，掌握音序查字法的技能。

3.培养学生养成勤查字典、自主独立识字的好习惯。

（四）教学重点，难点分析

教学重点：通过例字教学，使学生学会使用新华字典，掌握音序查字法。

教学难点：让学生结合所学知识，动手练习查字，养成在学习中勤查字典、自主独立识字的习惯。

（五）教学过程设计

表5 教学活动设计

教师活动	学生活动
环节一：趣认字典，激发兴趣（时间安排：3分钟）	
出示谜语：端端正正小胖子，最爱把那文字吃。学习遇到拦路虎，请它来给你做主。大家猜一猜，这个谜底是什么呢？ 预设：字典。 师：太聪明了！就是字典。今天字典朋友也来到了我们的课堂中，让我们听听它的自我介绍吧！（播放视频） 师：小巧玲珑，却满肚子学问的字典确实是我们学习的好帮手，不会读的字可以找它，不会写的字可以找它，不懂字的意思也可以找它。	学生猜谜语并说明理由。 学生观看视频《新华字典的自我介绍》。
活动意图说明：这是一年级学生第一次接触字典，通过猜谜语与观看"新华字典"自我介绍的方式，让学生对字典有直观且立体的认识，从而激发学生主动探索与学习的意识。	

续表

教师活动	学生活动
环节二：创设情境，明确目标（时间安排：15分钟）	
师：我们的老朋友图图同学听说字典这么厉害，赶紧拿出母亲节写给妈妈的信，想来学习查字典，解决会说不会写的难题。下面让我们一起开始今天的学习吧！ 　1.出示常用查字典的三种方法，明确本课学习目标——用音序查字法查字典。 　教师介绍查字典的方法一共有3种，分别是音序查字法、部首查字法、笔画查字法。本节课我们来学习第一种——音序查字法。 　2.善于思考的图图有问题了：查字典的方法有3种，那什么时候用音序查字法呢？ 　教师出示范例——"cāo劳、白发苍苍"，引发学生思考探究：知道字的读音，但不知道怎么写的时候，或者知道字的读音，也认识这个字，但不知道它的意思，不会组词的时候。我们就要选择"音序查字法"了。 　3.认识"总目录""汉语拼音音节索引"，引导发现，复习汉语拼音字母表。 　师：同学们是不是迫不及待想试一试了，别着急，让我们拿起字典，先翻到总目录，音序查字法要用到"汉语拼音音节索引"和"字典正文"两部分。后面的数字代表页码，让我们翻到第10页"汉语拼音音节索引"，看看你能有什么发现？ 　对了，我们看到所有的音节都按照一定的顺序依次排列，不过细心的同学也会发现首个字母相同的音节都被排在了一起，音节中的首个字母就叫作音序，音序都用大写字母表示，如果我们想要熟练地使用音序查字法，一定要和汉语拼音字母表成为好朋友，出示汉语拼音字母表，跟唱，巩固大写字母。	学生小组讨论哪种情况使用"音序查字法"。 　同组同学分享 　学生翻看字典，了解字典的组成。 　跟唱汉语拼音字母表，巩固大写字母。

入，探究方法自然应该得到不断丰富。其中的猜想和推测，也是科学研究过程中两个重要的环节。

为了了解学生们对本课相关内容已有的认知水平，在上课之前利用"问卷星"对学生的学习情况进行了调研。例如，用哪些材料可以制作风，通过调查分析学生对人造风的形成过程并不陌生，可以动手制造风。了解到学生们对科学课和实验操作很感兴趣，对风有一些浅显或片面的了解，愿意继续深入学习。

（三）教学目标分析

1. 科学知识

能说出空气受热后会上升。

能归纳出空气的流动是风形成的原因。

2. 科学探究

能从生活体验中提出风是怎样形成的问题。

能根据实验方法进行热空气上升和风的成因实验。

能根据观察到的实验结果，运用分析、比较、归纳等方法得出结论。

能正确讲述自己的探究过程与结论，能倾听别人的意见，并与之交流。

能对自己的探究过程、方法和结果进行反思，做出自我评价与调整。

3. 科学态度

能对探究风的成因产生兴趣。

能实事求是地记录自己观察到的实验现象。

4. 科学、技术、社会与环境 (STSE)

能说出风的用途。

（四）教学重难点分析

教学重点：能利用常见的材料进行热空气上升和风的成因实验。

教学难点：通过小组动手模拟风的形成实验，进一步观察实验现象，分析并探究自然界风的成因，能解释一些日常生活中的问题。

（五）教学过程设计

表7教学过程

教师活动	学生活动	设计意图
一、创设情境、揭示课题 出示风和日丽、狂风暴雨、秋风瑟瑟、寒风凛冽的图片	观看图片，感受风这一自然现象在生活中的存在。	以生活中常见的景象导入，熟悉而直观，吸引学生的注意力，激发学生的学习兴趣。
二、实验探究、发现新知 活动1：制造风 同学们，你能通过身边物品的帮助制造风吗？快来分享一下吧！ 教师追问：那我们来归纳一下，制造风需要什么样的条件？ 我们利用人造风的形成条件推想一下自然界中的风是怎么形成的。是不是也得需要让空气运动起来的物体呢？是不是也得有空气，还需要像扇子一样的东西呢？ 我们边思考边探索。 活动2：观察热空气的流动 猜想假设 播放热气球上升的视频，让学生思考热气球升空和什么有关。 实验验证 学生演示实验，引领学生观察实验现象，整理实验结论。 活动3：观察风的形成 提出问题，猜想假设 那风形成的过程动力可以是热对空气的加热？	学生通过扇子、书和气球等制造风，体会制造风需要的条件。 引发学生思考并给出： ①让空气动起来的一个动力； ②需要空气； ③需要一个像扇叶一样的东西。 引发学生思考自然风的形成。 学生观看视频： 思考热气球上升的原因； 给出自己的解释：都需要燃料燃烧给空气加热。 学生观察实验现象，结合热气球上升的现象和学生实验得出结论：空气受热会上升，上升的空气使热气球升到天空。 学生结合前面的实验分析做出自己的解释和假设； 学生边思考边实验，带着问题展开实验； 学生在教师的指导下，分组实验，进行观察，根据观察到的现象，说出	本环节旨在给学生充分自主的空间； 让学生亲历探究过程。 为探究自然风的形成实验做好铺垫。 通过实验明确空气受热会上升的原理。 将空气受热上升和风的形成建立起联系。 通过学生动手实验，提升学生的动手能力。 采用分组进行模式，锻炼学生的团队协作能力和沟通交流能力。

教师活动	学生活动	设计意图
我们需要继续探究。空气受热会上升和风的形成有什么关系呢？ 明确思路，动手验证 教师出示实验材料，实验步骤 注意：实验分为两部分；点燃蜡烛之前观察烟会怎样流动；点燃蜡烛之后观察烟又会怎样流动。我们只改变蜡烛这一个条件，其他条件不变。 这个实验是一个模拟实验，在做实验时，我们需要思考这样几个问题： 哪些现象与风的形成有关？ 实验中通过什么感受风的存在？ 线香有什么作用？ 分析现象，形成结论 教师引导学生将获得的知识迁移，说出自然界中风的形成原因。	点燃蜡烛前后烟的流动方向与瓶内外温度是否相同。 学生汇报实验结论。 学生结合现象给出解释，形成概念。 对热风箱内空气的流动情况给出说明。 对线香的流动方向给出说明，指出线香的方向模拟了风的轨迹。 用自己的语言说出风的形成演示箱内的空气是怎样流动起来的。 引导学生结合风的成因实验结果，推想自然界中的风是怎样形成的。	小组合作后进行成果展示、经验交流。 通过对实验过程和现象的分析，进一步理解风的形成过程。 加深对自然风形成过程的理解。
三、实践运用，拓展延伸 讨论：回到现实，你在哪些地方能让你比较容易感受到风的存在？ 你能根据所学知识解释一下海陆风的形成原因吗？	学生根据生活经验给出答案：楼宇间、海边等等。 学生理解风的形成过程，并应用于实际生活中给出解释说明，巩固所学内容。	尝试用学过的科学知识解释生活中常见的现象，有利于让孩子体会到科学就在我们身边，增强他们学科学、用科学的意识。

续表

教师活动	学生活动	设计意图
四、课堂小结 1.这节课我们主要学习了什么？ 2.这节课我们利用了哪些方法探索了风的形成？	学生给出自己的收获。	理清思路，强化课堂的内容。
五、作业布置，知识拓展 风和我们的生活有什么关系？ 猜测风的大小与什么有关？指导学生课外验证。	学生说明风的利与弊。 学生根据提示完成课后实践活动。	将课上所学内容进行拓展和延伸，为下节课的开展做好铺垫。
六、板书设计	空气受热上升 冷空气过来补充　冷空气过来补充	

（六）教学评价

评价内容：冀教版小学科学三年级下册第四单元《天气变化——风的形成》。

评价方式：小组评价、自我评价和教师评价相结合。

（七）作业设计

[活动内容]：感受风的力量。

[活动过程]：

1.制作风车

（1）出示教师制作风车方法的视频，讲解风车的制作方法。

（2）学生动手按教师的讲解制作风车。

2.实验观察

（1）提出问题：怎样才能让风车提起重物呢？

（2）实验过程：

①调试风车，确保风车能够灵活转动。

②让风车与电风扇保持30厘米的距离，小篮中的硬币由少到多逐次放置，观察在弱风下风车提起硬币的多少。

③保持风车与电风扇的距离为30厘米不变，改变风力的大小，观察在强风下风车提起硬币的多少。

④保持风力不变，改变风车与电风扇的距离（例如从30厘米变为50厘米），观察风车提起硬币的多少。

（3）学生动手实验，将实验结果记录在《科学学生活动手册》中。

[活动小结]

风车提起硬币的多少与风力的大小、风车与电风扇的距离以及风车的构造有关。

[活动思考]

怎样改进风车才能提起更多的硬币呢？

第六章 学段进阶，融会贯通

一、古诗教学的创新探索

——以《山居秋暝》为例

孙思思

摘要： 古诗是语文教材中的重要文体类型，做好古诗教学的探索对传承与弘扬传统文化，促进学生综合素养提升有重要作用。本文以《山居秋暝》为例，探索古诗教学的创新策略，旨在提高古诗词教学的创新水平。

关键词： 《山居秋暝》；文化弘扬；古诗教学

古诗是中国传统文化的瑰宝，具有深刻的文学价值和文化意义。然而，由于古诗的语言表达、文化背景和思维方式与现代文学有很大的差异，学生在学习古诗时往往感到困难。为了解决这一问题，本论文旨在探讨古诗教学的创新方法。通过针对不同年级段的学生进行古诗教学，让学生更好地理解和欣赏古诗，提高他们的文学素养和文化素养。《山居秋暝》是唐代诗人王维的一首诗作，其描绘了一幅山水田园的美丽画面。这首诗不仅展现了诗人高超的诗歌才华，同时也提供了丰富的历史和文化信息。对于小初高学生而言，学习这首诗不仅可以提高语言文学素养，还可以增加学生对中国传统文化的理解和认同。因此，本文将探讨如何在小初高阶段贯通《山居秋暝》的古诗教学展开研究。

（一）古诗教学创新的必要性

中华传统文化是中华民族的灵魂与根基，也是推动中华民族可持续发展的重要源泉。而受到多元文化与不良思潮的影响，中国传统文化的价值逐步削弱。从党的十八大以后，国家领导人一直高度重视文化的传承，同时也多次指出中华文化的历史影响和重要价值。古诗文是传统文化的重要组成部分，其在文化传承中的当代价值体现在两个方面：一方面，强化学生的家国情怀。古诗文是中华经典和文化的载体，也是初中语文课程的重要内容，教师要从文化传承的角度出发，以家国情怀培养为导向，对教学活动进行科学设计，促使学生形成正确的民族观念和文化观念，同时也促进学生综合素养的提高。另一方面，促使学生修身养性。立足于文化传承，开展古诗文教学，能够帮助学生形成积极正向的价值观，并使学生能够在古诗文的学习中不断提高自身的素养。

（二）古诗教学的创新对策

1. 聚焦素养，整体设计

整体设计是古诗教学开展的前提。本单元围绕"四时景物皆成趣"这一人文主题安排了四篇课文，这是教材第一次以单元编排的方式对学生进行专门的文学鉴赏能力的培养。《山居秋暝》《枫桥夜泊》《长相思》三首古诗词，或写山间傍晚的景色，或写夜泊枫桥时的所见所闻，或写长途羁旅风光。《四季之美》描写了春夏秋冬某一特定时间的景致；《鸟的天堂》描写了大榕树在早晨和傍晚时的不同情景；《月迹》描写了不同地点的月亮。本单元的语文要素是"初步体会课文中的静态描写和动态描写"，本单元的几篇课文，均有静态描写和动态描写。通过对本单元四篇课文的学习最终指向习作——"学习描写景物的变化"，进行由学到用、由读到写的训练。创设情境开启单元学习，并以核心任务制作自然景观相册，引导学生进行本单元的素材积累。

2. 追根求源，落实课标

在《义务教育语文课程标准（2022 年版）》中，本单元属于"文学阅读与创意表达"学习任务群。本任务群要求："阅读表现人与自然的诗歌、散文等优秀文学作品，感受大自然的奇妙，体会人与自然和谐相处的意义；用口头或者书面的方式表达对自然的观察与体验，抒发自己的情感。"基于此，教师要引导学生在语文实践活动中，通过整体感知、联想想象，感受文学语言和形象的独特魅力，获得个性化的审美体验，提升思维能力。课标中对于本学段学习古诗词的要求是注意通过语调、韵律、节奏等体味作品的内容和情感。本单元以三大任务八个活动开展全过程学习。

3. 突破难点，评价跟进

难度的突破与评价的跟进对学生的古诗学习积极性提高有促进作用。《山居秋暝》是本单元的第一首诗，诗人王维将空山雨后的秋意微凉，松林间皓月斑驳的光影，潺潺清泉在石上流动以及竹林中浣女归来侃侃的声响等，充分表现了王维"诗中有画"的创作特点，也指出了宋朝诗人苏轼的评价："味摩诘之诗，诗中有画；观摩诘之画，画中有诗。"教师需要在课堂上引导学生在感受动静描写的妙处之余，还可以试着从诗情画意当中体会诗人的高洁情怀和乐于归隐的情趣。课前布置任务让学生绘制诗歌内容相关的图片，感受诗歌的意境。课中活动一：多样朗读培养学生整体感知的能力。活动二：融合信息技术，学生通过小组合作探究，引导学生自主探究和理解诗句的含义和意境。

活动三：通过拓展延伸和对比分析，引导学生深入了解诗人的创作风格和思想内涵。全过程都有小组讨论、个别提问和集体回答等多种方式，并借助课堂表现进行评价。

4. 反思总结，赋能成长

反思是古诗教学创新中的必要措施与环节。在教学方法上，我采用了多种手段，如利用"三单"融合信息技术、小组合作学习和多种形式朗读等，帮助学生更好地感受和理解诗歌。这些方法，引导学生能够更加积极地参与课堂，提高了他们的学习兴趣和积极性。在教学内容方面，教师注重引导学生对诗句进行分析和理解，帮助他们理解诗人对自然美景的描绘和高洁情怀的追求。同时，教师也注重拓展延伸，将《山居秋暝》与之前学的王维的其他作品《鹿柴》《鸟鸣涧》进行勾连，让学生们更加深入地了解诗人的创作风格和思想内涵。在教学过程中，教师也遇到了一些问题和挑战。例如，有些学生对诗歌的语言和意境理解不够，教师应该进一步讲解和引导。此外，有些学生在小组合作学习与讨论中不够积极，需要我搭设更合理的支架，促进学生的合作学习。

结语

本文通过小初高贯通的方式，引导学生逐步深入理解《山居秋暝》这首古诗的内涵，提升学生的思维能力和审美能力。在教学过程中，教师运用多种教学方法和手段，关注学生的学习状态和情感变化，及时给予肯定和鼓励，增强学生的学习自信心。通过过程性评价和结果性评价相结合的方式检测学生对诗歌的理解和掌握情况，并根据评价结果及时调整教学策略和方法。同时，针对年级段的学生调整教学内容和难度，符合学生的学习需求和能力水平，并适当引入其他相关作品拓宽学生的视野和提高其文学鉴赏能力。此外还针对有兴趣的学生推荐一些相关的研究资料和书籍，组织一些诗歌朗诵、诗歌创作等活动以及加强基础训练并辅导学习困难较大的学生克服学习障碍，提高学习效果，培养学生的审美情趣、人文素养、创新思维和批判性思考能力。综上所述，本文对提高学生的文学素养和审美能力具有一定的借鉴意义和实践价值。

参考文献

[1] 秦燕. 创新吟诵法教学提高小学语文古诗词教学效率 [J]. 文化创新比较研究，2018，2（23）：170-171.

[2] 杨美娟. 谈小学古诗教学的有效性 [J]. 文学教育（中），2012（5）：15.

[3] 钟建军，罗新春，钟廷波. 语文古诗教学的探索与实践 [J]. 新西部（理论版），2012（8）：180+188.

[4] 张议元. 改革古诗教学，培育创新意识 [J]. 创新与创业教育，2011，2（5）：90–91+95.

二、思维进阶的实践：《江城子·密州出猎》教学设计中的亮点展现

何汇

本节以思维进阶实践为主题，以《江城子·密州出猎》为例，探讨如何在教学设计中展现亮点。教学设计旨在通过思维进阶实践，提高学生对词作的理解和欣赏水平，培养学生的文学素养和思维能力。本教学设计以导入、互动、总结等教学环节为主线，重点关注学生对词作的理解程度、分析能力以及通过思维进阶实践所展现出的高阶思维能力。教师在教学过程中需要关注学生的思维发展，不断调整教学方法，提高教学水平。

关键词：思维进阶；教学设计；亮点

《江城子·密州出猎》是我国北宋时期著名文学家苏轼的一首词作。这首词描绘了出猎的壮观场面，通过生动的细节和形象的描绘，展示了猎者的豪情壮志。词中融入了作者对国家和人民的关切，以及对个人理想的追求，体现了苏轼雄浑豪放的词风和深厚的文学造诣。这首词作具有很高的艺术价值，被誉为苏轼词的代表作之一。思维进阶实践是指在教学过程中，引导学生从浅层次的认知向深层次的思考发展，培养学生的高阶思维能力。这种实践强调学生在学习过程中的主动性和探究性，鼓励学生通过自主思考、合作交流等方式达到对知识的深入理解和创新运用。在本文中，通过教学设计，以《江城子·密州出猎》为例，探讨如何通过思维进阶实践，提高学生对词作的理解和欣赏，培养学生的文学素养和思维能力。

（一）教学目标

1. 学生能够理解《江城子·密州出猎》的词意及词牌特点

通过教学设计，学生能够深入理解词作的主题和情感，掌握词牌的基本特点和韵律规律，从而提高对词作的整体把握能力。为了达到这一目标，教师将引导学生通过阅读、分析和讨论，理解词作中的关键词语和表达手法，从而领悟词作的意境和情感。

2. 学生能够分析词中的意象及其寓意

在教学过程中，教师引导学生通过分析词中的生动形象和寓意，深入挖掘词作的思想内涵和艺术价值，培养学生的文学鉴赏能力和思维分析能力。为此，教师将组织学生进行小组讨论，分享对词中意象的理解和解读，引导学生从不同角度分析词作中的寓意和象征意义。

3. 学生能够通过思维进阶实践，提高对词作的理解和欣赏

通过互动环节和自主学习，学生能够运用高阶思维方法，对词作进行深入思考、批判性思维和创造性思维，从而提高对词作的理解和欣赏水平。为了实现这一目标，教师将设计一系列思维进阶活动，如问题解决、案例分析、创意写作等，引导学生运用批判性思维和创造性思维，深入挖掘词作的艺术价值和思想内涵。

（二）教学内容

1.《江城子·密州出猎》的背景介绍

北宋中期，国家政治风云变幻，民生疾苦，苏轼因参与政治改革而受到排挤，被贬至密州。这一时期，苏轼的生活境遇发生了很大的变化，他对国家和民族的忧患意识愈发强烈。在这样的背景下，苏轼创作了这首表达自己豪情壮志和忧国忧民之情的词作。《江城子·密州出猎》以出猎为题材，描绘了猎者豪放不羁、英勇无畏的形象。通过猎者的形象，苏轼表达了自己对国家和民族的关注与担忧。了解这些背景信息，有助于学生更好地体会词作中的情感和意境。

2. 词牌特点及词作的艺术特点

《江城子·密州出猎》的词牌名为"江城子"，是一种双调词牌，共有七十个字。这首词以叙事为主，通过生动的场景描绘和情感表达，展现了猎者豪放不羁的形象。苏轼的词作艺术特点主要表现在：语言优美、意境深远、情感真挚、寓意丰富。在教学过程中，教师引导学生品味词作的语言美，分析词中的意境和情感，以及挖掘词作中的寓意。教师会让学生关注词作中的优美语言，如"老夫聊发少年狂""酒酣胸胆尚开张"等，引导学生通过阅读和品味，感受词作中所蕴含的美感和力量。教师会让学生分析词作的意境，引导学生感受猎者豪放不羁的形象和场景。挖掘词作中的寓意，如词作中所表达的作者对国家和民族的关注与担忧，引导学生深入思考词作中所蕴含的情感和主题。

3. 词中的意象及其寓意

在教学《江城子·密州出猎》时，教师需要引导学生分析词中的意象及其

寓意。词中的意象主要包括猎者、弓箭、猎场等，这些意象共同构成了词作的意境，展现了猎者豪放、勇敢、不屈的品质。

教学过程中，教师将引导学生分析这些意象，并探究它们所蕴含的寓意。猎者形象象征着豪放、勇敢和坚忍的品质，猎犬则象征着忠诚和信任，弓箭和猎场则展现了猎者的技艺和决心。通过分析这些意象，学生将更好地理解词作中所表达的情感和主题。教师可以让学生关注猎者形象的描写，如"老夫聊发少年狂，左牵黄，右擎苍"等，感受猎者的豪放不羁。通过以上教学环节，教师旨在引导学生深入理解词作的意象及其寓意，提高学生的文学素养和审美能力。

（三）教学过程

1. 导入：引导学生通过预习了解《江城子·密州出猎》的背景。在课程开始时，教师要求学生预习词作及其创作背景，了解苏轼的生平经历、创作特点以及词中所表达的情感。通过预习，学生能够为后续的教学过程打下基础，更好地理解词作的意境和情感。

2. 教学：讲解词牌特点及词作的艺术特点。教师首先向学生介绍词牌的基本特点，如字数、句式、音韵等，并让学生了解《江城子》这一词牌的特点。接着，教师讲解词作的艺术特点，如语言优美、意境深远、情感真挚、寓意丰富等，引导学生品味词作的语言美，分析词中的意境和情感。

3. 互动：学生分析词中的意象及其寓意，进行思维进阶实践。在这一环节，教师组织学生进行小组讨论，让学生从词中的意象入手，分析其所蕴含的寓意，并探讨词作中所表达的情感和主题。教师在过程中给予指导和帮助，引导学生在分析过程中运用高阶思维方法，如批判性思维和创造性思维。

4. 总结：对学生的思维进阶实践进行点评，引导学生深入理解词作。在学生完成小组讨论后，教师对学生的思维进阶实践进行点评，对学生的分析方法和结果给予肯定和指导。接着，教师引导学生总结词作中所表达的情感和主题，对词作的艺术特点和寓意进行深入思考，从而帮助学生更好地理解词作，培养他们的文学素养和思维能力。

（四）教学评价

1. 学生对《江城子·密州出猎》的理解程度

评价学生对词作的理解程度，可以从学生在课堂上的表现、作业完成情况以及课堂测验成绩等方面进行。教师可以通过课堂提问、小组讨论等方式，了解学生对词作的理解程度，及时调整教学策略，提高教学效果。此外，教师还可以通过布置课后作业，让学生完成填空题、选择题等形式的测验，以评估学生的理解程度。

2. 学生对词中意象及其寓意的分析能力

评价学生对词中意象及其寓意的分析能力，可以从学生在小组讨论中的表现以及课后作业的完成情况等方面进行。教师可以观察学生在讨论过程中的发言和思考，了解他们在分析词中意象时的思路和方法。同时，教师还可以通过布置课后作业，让学生完成分析词中意象及其寓意的练习，评估学生的分析能力。

3. 学生通过思维进阶实践所展现出的高阶思维能力

评价学生通过思维进阶实践所展现出的高阶思维能力，可以从学生在课堂上的表现、小组讨论的贡献以及课后作业的完成情况等方面进行。教师可以通过观察学生在课堂上的表现，了解他们在参与思维进阶实践时的思考方式和表现。同时，教师还可以通过布置课后作业，让学生完成更高难度的思维题，评估学生在思维进阶实践中所展现出的高阶思维能力。

总结

在《江城子·密州出猎》的教学设计中，思维进阶实践被广泛应用。通过引入思维进阶实践，教师能够引导学生深入理解词作，提高对文学作品的欣赏能力，从而培养他们的审美情趣和文学素养。在教学过程中，教师采用问题为导向，鼓励学生进行批判性思考和创造性思维，从而激发他们对文学作品的兴趣和热爱。通过思维进阶实践，学生能够更好地理解词作，提高对文学作品的欣赏能力；思维进阶实践有助于培养学生的批判性思维和创造性思维，使他们能够更深入地分析和解读文学作品；思维进阶实践有助于提高学生的文学素养，使他们能够更好地理解和欣赏文学作品，从而培养他们的审美情趣。

在未来的教学设计中，教师可以进一步探讨和挖掘思维进阶实践的应用，以更好地提高学生的文学素养和审美能力。

参考文献

[1] 苏轼. 江城子·密州出猎 [J]. 语文新读写，2023（10）：7.

[2] 汪婷婷. 让读写结合为古诗词教学插上羽翼——由《江城子·密州出猎》

谈起 [J]. 七彩语文，2023（16）：48–51.

[3] 田春梅. 新课标下沉浸式诗歌教学促进初高中衔接的路径研究 [J]. 新课程，2023（11）：25–27.

[4] 庞春平. 狂人狂语，豪言豪情——苏轼《江城子·密州出猎》赏析 [J]. 语文世界 (中学生之窗)，2022（10）：36–37.

[5] 冯厚生. 苏轼是在"炫耀"和"招摇"吗？——与耿锋贤老师商榷《〈江城子·密州出猎〉教学设计》中的有关词句解读 [J]. 语文教学通讯，2022（23）：67–68.

[6] 楚爱华，廖国华. 反常合道：也谈《江城子·密州出猎》之"狂" [J]. 中学语文教学，2022（7）：50–53.

三、思辨性逻辑思维在古诗文教学中的应用研究
——《短歌行》《归园田居（其一）》比较阅读

康薇

摘要：思辨性逻辑思维是"思维发展与提升"这一核心素养的重要组成部分，也是突破古诗文阅读教学现实困境的重要方式。运用思辨性逻辑思维审视古诗文阅读，要在文言方面能够推理归纳，主动建构；文学方面能够依体而品，深挖细读；文化方面能够辨析评价，创造发展。以《短歌行》《归园田居（其一）》比较阅读为例，从辨析关键字的内涵入手，引导学生感知诗人创作风格的不同。然后通过对诗歌中抒情主人公形象的分析，引导学生结合文本内容以及时代背景思考两位诗人不同的生命态度，表达对不同生命态度的看法，使课堂教学得到延伸和深化，以有效落实对学生思辨能力的培养。在教学实践中，思辨性逻辑思维的教学价值、意义等须得到进一步的澄清和彰显。

关键词：思辨性逻辑思维；比较阅读

思辨性逻辑思维是"思维发展与提升"这一语文核心素养的重要组成部分，培养学生的思辨性逻辑思维，是语文课程的重要目标之一。入选统编版高中语文新教材的古诗文都是反映中华优秀传统文化的经典篇目，有着不竭的生命力和多元解读空间，语文教学有必要将思辨性逻辑思维融入其中，培养学生思维的独立性和深刻性，以切实落实核心素养的培养要求。

（一）应用"思辨性逻辑思维"的价值

思辨，即思考辨析，是一种抽象的思维能力。从发生过程看，思辨是通过分析、比较、推理等一系列思维活动对事物、人物、问题或现象等的表现、状况、发展等作出辨别、判断与决策。思辨能力的主要特征包括独立思考、理性分析、辩证表达。思辨性逻辑思维的应用价值可以从以下几个方面来分析：

1.培养良好的思辨能力和习惯

随着新课改的推进，思辨能力对促进语文深度学习的作用日益得到关注，学生有了更多提出富有个性看法和观点的机会。思辨性逻辑思维在古诗文教学中的应用，有利于培养学生掌握"比较、推断、质疑、讨论"等有助于思辨能

力形成的学习方式，达到能"梳理观点、事实与材料及其关系"的思辨水平，保持旺盛的好奇心和求知欲，养成勤学好问的习惯。

2. 发展具有思维含量的阅读与表达能力

"语言是重要的交际工具和思维工具，语言发展的过程也是思维发展的过程。"思辨能力的培养将更好地提高学生运用语言文字的能力。培养学生"负责任、有中心、有条理、重证据地表达"的前提是通过积极的思辨活动引导学生深入文本或现象；主动辨析文本语言或思维方式的精妙之处，挖掘现象背后的规则、定律和处理方法。在阅读与表达中锤炼思维品质，并以高品质思维促进阅读与表达能力的进阶，是培养学生思考能力的重要目标。

3. 塑造正确、积极的价值取向

思辨性逻辑思维的培养还承担着培养学生正确积极的世界观、人生观、价值观的重任。引导学生阅读相关短文、故事、短论、简评等材料，在观察、记录、整理日常生活和学习问题中，对相应的人物或事件进行比较、质疑、辨析、验证、推理等，进一步明辨是非、善恶、美丑，形成正确、健康的价值观，为塑造求美向善、求真务实的人格奠基。

（二）应用"思辨性逻辑思维"的内容解析

"发现问题—提出问题—分析问题—解决问题"是思辨性逻辑思维的主要学习流程。学生通过观察、记录、请教、讨论等方式深入任务本身，在完成任务的过程中获得思辨的方法，形成思辨的能力。纵向比较可发现，思辨的方式和策略的形成具有进阶性，体现高阶能力的培养方向。以《短歌行》《归园田居（其一）》比较阅读为例，第一课时的思辨性学习任务遵循学生的学习能力，思辨的方式蕴含于文本学习中，侧重于对文本的语言或人物进行简单评价，不作更高要求；第二课时的思辨性学习任务更复杂、更综合，在阅读文本时要运用列提纲、画思维导图等方式，有理有据地表达观点、道理，表述清楚个人的思维过程，深入学习辨析、质疑、提问、推理等思辨方法。

（三）"思辨性逻辑思维"在古诗文教学中的具体应用——以《短歌行》《归园田居（其一）》比较阅读为例

"思辨性逻辑思维"的发展离不开设计具有思维含量的思辨性问题。这些问题不仅能促进学生对单元内容的理解，更能引发知识间的联系和迁移。好的思辨性问题能让我们了解思维的本质，它往往指向学习任务的核心，能够帮助学生持续而有效地开展探究，不断厘清重要的观点、知识或技能，并能依靠证据证明自己的想法或观点。

以《短歌行》《归园田居（其一）》比较阅读为例，学生初中已经学习过曹操的《观沧海》《龟虽寿》和陶渊明的《饮酒（其五）》《桃花源记》等作品，对曹操的雄心壮志、陶渊明的隐逸情怀已经有了一定的体会。《短歌行》《归园田居（其一）》这两首诗歌是统编教材必修上册第三单元第七课的课文，均为汉魏时期的作品，所表达的人生追求和生命状态却大不相同。《短歌行》表达了曹操"天下归心"的渴望和贤才难求的忧思，《归园田居（其一）》表达了陶渊明摆脱官场束缚的轻松和"复得返自然"的悠然。两首诗歌一为四言，一为五言；一个慷慨悲凉，一个平淡自然；一首多用典、比兴，一首多白描；表现形式、韵律也与思想感情相配合，呈现出迥然不同的风格。面对乱世，为何曹操和陶渊明有着截然不同的人生选择，这两种人生选择有无优劣高下之分，是值得学生思考的问题。

基于此，将"《短歌行》《归园田居（其一）》比较阅读"的学习目标确定为以下三个维度：

①诵读两首诗，感受诗歌韵味，把握不同的感情基调；

②辨析"归"字的深刻内涵，把握诗人形象，感受不同的生命状态；

③发展审辩式思维，形成对生命价值的思考。完成学习的整体架构之后，还要进一步地向内深入，依托思辨性学习任务的充分展开来实现学习目标。下面，我们选取《短歌行》《归园田居（其一）》比较阅读的教学片段，说明思辨性学习活动的展开过程。

任务一：以读促思

【学习活动】

1.吟诵诗歌，感受诗歌韵味。

2.如果给这两首诗配乐，你会选择什么类型的音乐呢？结合具体的诗句，谈谈你的理由。

活动意图说明：通过吟诵诗歌，感受两首诗歌不同的风格特征：《短歌行》慷慨悲凉，《归园田居（其一）》平淡自然。

任务二：切问追思

【学习活动】

1.结合具体诗句，辨析"归"字的深刻内涵。

2.根据"归"字内涵概括主人公的形象。

3.思考两种不同的生命态度。

活动意图说明：引导学生从"归"字的深刻内涵入手，分析诗歌中抒情主人公的形象，思考两位诗人不同的生命态度。

任务三：凝神写思

【学习活动】

曹操"天下归心"，渴望建功立业、统一天下；陶渊明"守拙归园田"，不与世俗同流合污，回归本心。两种不同的人生态度，似乎都各有其理。你如何看待两人的选择呢？结合文本内容，联系时代背景，说说你的看法。

活动意图说明：学生通过阐述对曹操与陶渊明两种不同的人生态度的理解，更深刻地理解"忧"与"悠"这两种不同的人生态度，形成对生命价值的思考。

结语：

《短歌行》与《归园田居》（其一）以不同的诗歌形式、艺术方式表达了不同的情感，通过诗歌情感表现不同的人生追求。我们不能说曹操的选择是积极的，陶渊明的选择是消极避世的，两者没有对错之分，只是人生选择不同，人生的追求不同。此次写作活动，就是希望同学们能够与作者"对话"，明白人生可以有不同选择，不同追求。我们要学习曹操珍惜时光，珍惜当下，积极进取，努力实现自己的价值，也要学习陶渊明不慕名利，淡泊宁静，回归本真，回归自然，从而达到两种人生追求的交相辉映。

以上学习活动中，任务一和任务二从辨析关键字的内涵入手，引导学生感知诗人创作风格的不同。任务三作为思辨活动的表现性成果，是学生对文本深刻理解的关键表现。学生通过对诗歌中抒情主人公形象的分析，结合文本内容以及时代背景思考两位诗人不同的生命态度，表达对不同生命态度的看法，使课堂教学得到延伸和深化。

综上所述，在正确理解"思辨性逻辑思维"的应用价值、内容的基础上，通过设计思辨性问题推进学习任务，展开思辨性活动等，全面保障学生学习过程的有效实施，为学生思辨能力的提升铺设路径，促使其逐步养成良好的思维习惯，形成正确的价值取向。

参考文献

[1] 中华人民共和国教育部 . 普通高中语文课程标准（2017 年版 2020 年修订）[S]. 北京 : 人民教育出版社 ,2020.

[2] 刘荣华 . 在文言文教学中点燃思辨之光 [J]. 小学语文教学 ,2022(9):13–16.

[3] 薛法根 . 理性思维 : 做负责任的表达者——"思辨性阅读与表达"任务群的内涵解读 [J]. 语文建设 ,2022(8):4–9.

四、《最短路径问题》教学方式的变革

张睿智

（一）指导思想

《最短路径问题》属于《轴对称》章节中的课程内容，旨在运用数学思想解决生活中的问题。以实际问题为载体，培养学生的应用意识、创新意识，让学生通过学习积累解决问题的经验，拓展思维。通过本节课的学习，学生能够将已学知识系统化，经历发现问题、提出问题、分析问题和解决问题的全过程。因此，在本节课的学习中，学生能够感悟数学不同内容之间与实际问题之间的联系，激发学生的兴趣，加深学生对所学内容的理解。

（二）地位及作用

本节课主要关注最短路径问题的解决，强调"两点之间线段最短"的运用，以及如何通过轴对称、平移等知识来实现。这种教学方式有助于引导学生探究，培养其自主探究能力。此外，这种教学方式还有助于知识与能力的转化。

教材分析：本节课是对"将军饮马问题"的进一步研究，旨在通过变式设计，提高学生的数学应用能力。在此之前，学生已经学习了平移和轴对称等相关知识，为本节课的学习奠定了基础。通过将实际问题转化为数学问题，利用已学的知识（轴对称、平移），转化"求线段和最小"的问题为"两点之间，线段最短"的问题。这种处理方式有助于学生更好地理解所学内容，并提高他们的数学应用能力。同时，通过本节课的学习，让学生进一步感悟数学在生活中的作用和意义。

学习者分析：对于最短路径问题，八年级学生需要认识到它的本质是最值问题。在此之前，学生很少涉及最值问题的学习，解决此类问题的经验尚显不足。特别是对于这种具有实际背景的最值问题，他们更是陌生，无从下手。

八年级学生的直接经验较少，理解能力较弱，他们在解决此类问题时还处于形象思维过渡到逻辑思维的阶段。

针对以上学情，本节课解决办法如下：对"当点 A、B 在直线 l 的同侧时，如何在 l 上找点 C，使 AC 与 CB 的和最小"这一问题，引导学生将其转化为"直线 l 异侧的两点，与 l 上的点的线段和最小"的问题，以此来降低学生的理解难度。

培养学生完成如下目标：

（1）会用数学的眼光观察实际问题，利用轴对称可以解决一些简单的问题。通过图形变化，理解问题的本质，并找到有效的解决方案。

（2）会用数学的思维思考实际问题，并将其转化为数学问题，在此过程中培养学生的推理意识和推理能力。

（3）会用数学的语言表达解决问题的思路和方法，可以精确地表述解决最短路径的思维过程。

（三）核心素养下教学方式的变革

核心素养是学生需要在学习过程中逐步形成的，这些品格和能力将有助于他们适应未来社会的发展。随着学生核心素养的提出，教师的素养也要随之改变，以适应新的教育环境。教师的核心素养需要随着学生核心素养的变化而变化，这样才能更好地培养学生的核心素养，用更高的要求来要求自己，只有我们不断革新，才能引领新时代学生的发展，实现"育人"的目的。

教师本位转向以生为本。教师本位属于成人本位思想，教学活动中以教师为中心。然而在不同时期，教师所需的核心素养也不同，随着科技的不断进步，教育观念也在发生变化。如今，"以学生为中心"的观念日益凸显，教师不只需要具备传授知识的能力，更需要具备与时俱进的多样化素养。现代教育观念认为，学生才是课堂的主体，以生为本成了新课标的核心理念。这一理念的贯彻实施，有助于提高教育质量，培养更多具有创新能力和实践能力的人才。

"以学生为中心"是教师核心素养的核心，它强调学生的全面发展。同时要求教师不仅要具备丰富的学科知识和跨学科知识，还要有帮助学生构建基础知识和基本技能的能力，培养学生解决问题的能力。这意味着教师需要从关注学生的知识获得转向核心素养的获得。为此，教师需要深入挖掘教育资源，不断优化教学方法和策略，以培养学生的核心素养为目标，为学生提供更加全面、系统、有效的教育服务。

结合"最短路径问题"这节课来看，首先结合本章节梳理初中阶段的图形变化，让学生先搭建知识框架，形成知识的进阶，再将情景问题抽象为数学问题，由此切入平面内点与直线的位置关系。先研究异侧的最值问题（让学生能够很直观地理解问题），由异侧的折线段转化为直线段，让学生从中体会转化的思想，再研究同侧的最值问题，通过问题串的形式让学生的思维逐步进阶，将其中同侧折线段转化为异侧折线段，再利用已有知识解决问题。

转变角色并不是意味着不再拥有教师的指导地位，而是在强调教师依然是课堂设计者的前提下，更强调教师把角色转变为引导者、发布者、提供者，成为智慧的教师要学会机智抽身、适度留白，激思启悟之余，给予学生将留白处进行填充、自由着色的权利，使课堂更为生动，更为丰富。教师充当的仅是学生为"主角"的课堂中的"配角"。努力契合学生身心特点、认知规律，最大化为学生提供不论每个个体差异大小，都能在其中寻求到自我发展的机会，将课堂的受众着眼于所有孩子，而不是某部分"精英"，要让每个学生都能在课堂中找到自己的存在。

教师要学会放弃，放弃权威性，放弃指挥权，弯腰躬身。授课时，面对学生，无疑和他们形成了一个相互对立的局面，教师的授和学生的学，直觉上一个主动一个被动，感观上一个俯视一个仰视，还有教师站得"高"与学生坐得"矮"……都形成了强烈的反差，无形中产生了一种心理上不平等的暗示。

课堂教学根据教学内容的不同，需要传统的教学模式，但是长时间固定的模式，让课堂中的教师与学生成为"敌对"关系，塑造灵魂、激发灵性、张扬个性，均无从谈起，使课堂成了死水一潭，没有流转，没有波动。

改变角色要先从改变课堂的形式开始，这需要教师对自己所教授的内容有深刻理解，在精准把控的前提下，科学设置教学内容，转变自己的视角，从学生的角度出发，创设情景、设置内容、提炼素材，在此基础上，一改传统的身高、性别座位排序，允许学生自由重组学习小组、学习团队，并适时配置"个别"成员，调剂小组、团队的"配比"，促进成员的相互研讨、相互磨合、相互弥补，实现"收益"的最大化。

改变角色还要从改变教师站位做起，教师要让自己成为一名"学生"，坐下来、融进去，让自己成为学生的学习小组、团队中的成员，参与他们的研讨、磨合。根据学习进程的实际需要，可以成为"好"学生，铺助学生行深高远，再登阶梯；也可以成为"后进"生，"阻碍"学生前行路途，拔节他们的智慧。这种角色的转变，要求教师具有高超的教学技能、敏锐的教学触角、饱满的教学情感、卓越的驾驭能力、丰盈的亲和力。因而，新时代教师要用更高的标准衡量自己，要用更有力的"捶打"锻造自己，培养学生成为"全人"的同时，自己也能成为一名"全师"。

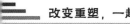

（四）结论

教学理念的变革必然带来教学方式的变革，过去以讲授为主，现在核心素养导向下的教学，教师的角色要与时俱进，从教师本位转向以生为本。所以，教师在平时上课的时候，重难点应该给学生适度留白，让学生通过探究将留白处自我填充，这种思维的提升会使学生拥有解决一系列问题的能力，而不是解决一个问题。

五、指向核心素养发展的小学英语课堂创设情境的探究

邢肖方

摘要： 本文旨在探究并实践在小学英语课堂中创设真实情境的方法，以及这些方法在培养学生核心素养背景下的重要性和实际效果。文章首先阐述了真实情境课堂教学对于学生核心素养培养的重要性，包括提升沟通能力、批判性思维和创新能力。随后，分析了真实情境教学法的原理与优势，指出其在小学英语教学中的有效性。文章进一步详细描述了在小学英语课堂中创设真实情境的教学实践策略，包括问题链课堂教学策略，教、学、评一体化教学策略以及分层教学策略，旨在为不同能力水平的学生提供个性化的学习体验。

关键词： 核心素养；小学英语；创设真实情境

英语作为一门国际语言，在全球化的今天，扮演着重要的角色。当今教育背景下，核心素养的培养成为教育改革的关键方向之一。小学阶段作为学生学习生涯的起始阶段，对于学生的基础能力和终身学习能力的培养尤为重要。因此，在小学英语教学中，采用创设真实情境的教学方式，不仅有助于提高学生的英语语言能力，更是对其核心素养的全面培养。本文旨在探讨和实践小学英语课堂中创设真实情境的方法，以及这些方法如何促进学生核心素养的发展。

（一）创设真实情境课堂教学对核心素养培养的重要性

义务教育阶段英语课程中，学生的核心素养包括语言能力、文化意识、思维品质和学习能力等方面。这些素养对于学生未来的学术发展和社会适应能力至关重要。

（1）增强学习的实际应用性。真实情境的教学方式能够将学习内容与学生的实际生活相结合，使学生能够更好地理解和运用英语。例如，通过模拟购物、旅游等日常场景，学生能够在实际情境中使用英语，从而提高语言的实际应用能力。

（2）提升学生的参与度和兴趣。真实情境的创设能够激发学生的学习兴趣，提高他们的参与度。当学生发现学习内容与他们的日常生活密切相关时，

更愿意主动学习和探索。

（3）培养批判性和创造性思维。通过真实情境的学习，学生可以学会从不同角度思考问题，并在实践中寻找解决问题的新方法。这种教学方式能够鼓励学生提出问题、分析问题和解决问题，从而培养批判性和创造性思维。

（4）促进社交能力和团队合作能力。真实情境教学通常涉及小组合作和交流，这有助于学生在交流中学习协作和尊重他人，培养良好的社交能力和团队合作精神。

因此，创设真实情境的课堂教学不仅能够提高学生的语言能力，更重要的是能够全面提升学生的核心素养，为他们的全面发展和终身学习奠定坚实的基础。

（二）真实情境教学法原理与优势

真实情境教学法的核心原理是知识学习应当发生在具体的生活情境中。这样的方法鼓励学生将新学的知识与实际生活经验相联系，增强理解和记忆。真实情境中的学习不再是学生被动地接收知识，而是成为积极的参与者。学生通过实际操作、探索和解决问题，主动地构建自己的知识体系。同时，这种教学法还强调师生互动和学生合作的重要性。通过小组讨论、角色扮演等活动，学生可以在交流和合作中学习和成长。

真实情境教学法的优势在于它能够提高学生的学习兴趣。将学习内容与学生的现实生活相结合，激发学生的学习热情，使他们更加积极地投入学习过程中。通过将理论知识应用于真实情境，学生能够更深刻地理解和记忆英语知识，提高语言运用能力。在真实情境中，学生需要分析问题，提出解决方案，这种学习方式有助于培养学生的批判性思维和创新能力。真实情境教学不仅涉及语言知识的学习，还包括社交技能、团队合作和问题解决能力的培养，有助于学生综合素养的提升。

（三）小学英语课堂创设真实情境的教学实践策略

1.问题链课堂教学策略

问题链教学法源于20世纪的教育改革运动，旨在通过问题的提出、分析和解决，引导学生进行深入思考和主动探究。该方法不仅强调问题的连贯性和层次性，还帮助学生在解决问题的过程中逐步构建知识体系，特别适合于小学英语教学。它能够激发学生的好奇心和探究欲，使英语学习过程变得更加生动和有趣。

以教育科学出版社六年级上册第二单元为例，通过对单元的整体分析，结合学校的办学理念和特色课程，设计了一节拓展实践课，主题是"机器人"，可以作为问题链教学法的典型应用。在这样的课堂设计中，践行了英语学习活动观。

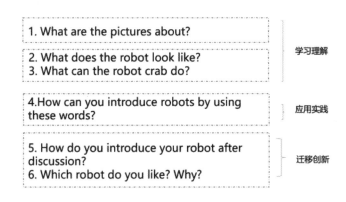

图 1 问题链

在学习理解环节，教师首先播放自制的有关学校科技节的掠影视频，并提出问题："What are the pictures about?"（这些图片是关于什么的？），以此引导学生猜测和讨论。接着，教师向学生展示了一个实物机器人玩具，并出示绘本图片提问"What's the robot crab look like?""What can the robot crab do?"（机器人螃蟹长什么样子？机器人螃蟹能做什么？），让学生带着问题阅读绘本《Robot Crab》，获取绘本关键信息。

在应用实践环节，播放了各种机器人视频，让学生讨论："How can you introduce robots by using these words？"（你如何用这些词介绍机器人？）鼓励学生用英语表达机器人的功能和用途。

在迁移创新环节，通过特定的情境和任务支架，小组讨论："How do you introduce your robot after discussion？"（讨论后你们如何介绍机器人？），介绍不同类型的机器人（如家用机器人、饭店器人、酒店机器人等）。学生展示后，教师引导其他学生评价："Which robot do you like？ Why？"（你喜欢哪个机器人？为什么？）。

这样的教学设计不仅使学生在真实情境中学习和使用英语，还能提高他们的创造力、批判性思维和解决问题的能力。这种教学方法既符合小学阶段学生的认知特点，也满足他们的学习需求，对于培养学生的核心素养具有重要意义。

2.教、学、评一体化教学策略

教、学、评一体化教学方法在小学英语课堂中的应用，旨在实现教学内容、学习过程与评价手段的完美融合。这种方法强调教学活动的连贯性，把教学、学习和评价紧密地结合在一起，形成互动循环。教师不仅通过这种方法传授知识，而且在学生学习的过程中进行及时反馈和评价，帮助学生更好地理解和掌握新知识，并在实践中提升自己的英语能力。

在教、学、评一体化教学中，评价是贯穿整个教学过程的关键环节。例如，互相评价，学生从语言的准确性和发音清晰洪亮方面进行评价。在小组合作中，教师可以通过观察学生在小组活动中的互动、创意和语言表达，来评估他们的学习效果。此外，教师还可以安排一些口头报告或小测试，如要求学生简述他们设计的机器人能如何帮助人们，以此来检验学生对学习内容的理解和应用（如图所示）。

表1 口头成果展示评价表

Which robot do you like? Why?

	评价 Comments	
台风 Stage Manners	站姿标准，文明礼貌。 Stand straight and be polite.	
语言 Language	声音洪亮、清晰。 Speak English loudly and clearly.	
	表达准确、流畅。 Speak English correctly and fluently.	
	正确使用 It has... 和 It can ... Use "It has..." and "It can ..." correctly.	
	增加了更多的信息。 Introduce the robot with more information.	

3.分层教学策略

分层教学是一种高效的教学策略，特别适用于小学英语课堂。这种方法根据学生的能力和学习需求，将学生分为不同的层次或小组，以便提供更加个性化的教学。分层教学允许教师根据每个学生的具体情况，调整教学内容、教学速度和教学深度，从而确保每个学生都能在适合自己的水平上学习和进步。这种方法有助于提高学生的学习动力，同时也能促进他们在英语学习上的发展。

在机器人主题的分层教学设计中，教师可以根据学生的英语水平和兴趣，设计不同难度的任务。以本节课中小组讨论环节为例，按同组异质原则，每个小组中都包括英语程度好、中、弱的学生，教师设置了三个层次的任务：

A. 学生用问答形式介绍机器人。B. 小组所有人根据教师介绍机器人使用的语言框架，每人用一两句英语介绍机器人。C. 学生扮演不同的角色，用英语介绍它的独特功能和潜在用途，例如："I designed a robot that can help children with their homework and teach them English."（我设计了一个可以帮助孩子们做家庭作业并教他们英语的机器人。）这样的任务不仅挑战了学生的创造力，还锻炼了他们的英语口语和写作技巧。

分层教学在小学英语课堂中的应用，使得教学更加个性化和高效。通过为不同水平的学生设计不同难度的任务，教师能够确保每个学生都能在适合自己的水平上学习和进步，同时也更容易针对每个学生的需要进行评估和反馈。这种教学方法不仅提高了学生的学习效率，还帮助他们建立起学习英语的信心和兴趣，对于促进学生核心素养的发展具有重要意义。

（四）总结

本文通过对创设真实情境课堂教学方法的全面探讨，明确了在小学英语教学中创设真实情境的重要性和实践策略，包括以问题链形式贯穿课堂教学策略，教、学、评一体化教学策略和分层教学策略。这些策略不仅有助于提升学生的英语水平，也有助于培养学生终身学习的能力以及对多元文化的理解能力，这对于他们的全面发展和未来的成功至关重要。

参考文献

[1] 胡晓芸, 郑永莉. 基于真实情境构建小学英语人文课堂[J]. 教育实践与研究, 2019（4）：59-64.

[2] 芦丹. 浅谈如何在小学英语课堂教学中创设真实有效的情境 [J]. 百科论坛电子杂志, 2020（4）：15-16.

[3] 杨国华. 情境认知理论视角下的小学英语课堂真实语境设计探究 [J]. 新课程·上旬, 2016（9）：8-9.

[4] 康萍萍. 入情入境, 真实自然——优化小学英语课堂教学情境创设[J]. 教师, 2018（8）：63-64.

六、小初高学段进阶，融合贯通背景下
高中英语课堂探究与实践

梁凯文

摘要：《普通高中英语课程标准（2022年版）》课程内容由主题、语篇、语言知识、文化意识、语言技能和学习策略要素构成。通过学习理解、应用实践、迁移创新等活动，推动学生在核心素养的教育全程中持续发展。小初高贯通课是一种教学模式，旨在促进学生跨学段的学习和进阶。这种课程融合了小学、初中和高中的知识内容和教学方法，帮助学生深入理解和应用学科知识。本文以2019年人教版高中教材，选择性必修一，Unit 2 Reading and thinking: Smart homes to make our life easier 阅读与思考课例为例，探究小初高贯通课的设计与实践，探讨该教学模式在促进学生学习和进阶方面的有效性。通过课堂的设计与实施，本文总结了本堂课设计的理论依据、学生学情分析、课堂设计问题链以及教学设计具体内容。

关键词：小初高贯通；高中英语；智能家具

本课节选自选择性必修一第二单元阅读与思考中的一篇科普说明文，主题语境与小学、初中一致，为人与社会，题目为Smart homes make our life easier。本堂课的主题为贯通科技背景下的智能家居，与小初高整体贯通背景一致，即我校的育人目标，致力于办成一所中西兼备、科技与征文并重，具有国际视野、家国情怀，带有鲜明科技特色的现代化名校。使学生充分了解智能家居的好处，成就他们的幸福人生。并使其通过认识智能家居的好处，培养他们为中国未来的科技作出贡献。

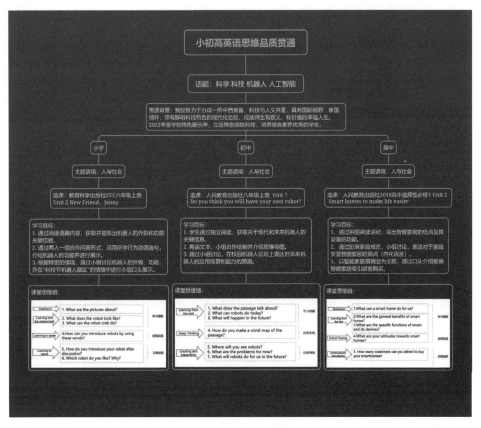

图 2 思维品质贯通

（一）理论依据

本节课的理论依据包括四个方面：基于新课标中所要求的英语学科核心素养，英语学习活动观，教、学、评一体化和学业质量水平要求。培养学生具有英语学科核心素养：即语言能力、文化意识、思维品质、学习能力。在大单元的核心素养目标要求下，与布鲁姆认知分类理论及英语学习活动观相结合：即学习理解、应用实践、迁移创新。并通过教、学、评一体化来促进完成教学目标：包括学生点评、小组点评以及老师点评，实现以评促教。依据新课标学业质量水平要求，制定本节课的教学目标，设计教学活动。

（二）语篇分析

语篇分析：本节课的主题语境为人与社会语篇类型，为科普说明文。第一，【What】本单元围绕"展望未来"（Looking into the Future）这一主题展开，反映了人们对未来生活与技术发展的期待与担忧，鼓励学生深入思考现代科技发展对未来人类生活的影响和意义。Reading and Thinking 版块的活动主题是"交流对智能家居的看法"（Exchange views on smart homes）。

学生通过阅读一篇介绍未来智能家居的说明文，了解技术发展给生活带来的便利，并思考这些变化可能产生的问题。在有关科技和未来的主题语境下，从居家生活切入话题可以让学生感觉到未来科技发展与生活息息相关，从而拉近学生与话题的距离，激发学生的阅读兴趣。

第二，【How】本文是一篇科技类科普说明文。全文五个段落呈现了说明类文本常见总分总内容结构：第一段介绍了背景（Background）和主题（Topic），即在目前家居生活不够安全和节能等的背景下，提出"未来智能家居可以给我们提供更安全、更节能和更舒适的生活"这一主题；第二至第四段用"智能控制、健康检查和防范灾害"三种功能解释了文本主题（Explanation）；第五段是总结（Conclusion），智能家居时代已经到来，但其推广普及还需要一段时间。本文这类科学小品文借助一些文学作品的写作手法，将科学内容生动、形象地表达了出来。

第三，【Why】本文介绍智能家居在未来生活中的应用，是一篇杂志类型的文章，具有典型的科普性。文章从现实生活中常遇到的问题出发，介绍了未来生活场景中智能家居具有的智能控制、健康检查、防范灾害等功能。教师应引导学生结合文章主题和内容形成对未来科技发展的积极期待和全面思考，形成对未来科技客观性的态度。

（三）学情分析

话题储备：阅读文本的话题是"智能家居使生活更加便利"（Smart Home to Makes Life Easier），要求学生能理解"Smart"的含义并对未来智能家居的发展提出自己的看法。课前，通过学情调查问卷，了解到学生对智能产品的背景知识的了解情况，90%以上的同学都能用英语说出生活中的智能产品，但是，只有少数同学能够用句子描述智能产品的功能与优点，由于日常生活中，对智能产品接触比较少，学生对其并不熟悉，从而用英语谈论新科技的发展是比较困难的，而这篇课文恰好能激发了学生对高新技术的认识和了解，并能掌握描述和表达智能产品的语言知识和相关表达句型。

改进措施：通过课前学习任务单，要求学生提前熟悉课本知识，智能家居的话题。并且亲自走访大型商场对智能家居进行提前认识，包括其功能、发展、优点等，然后课前和同学们进行交流，争取用英语能够讨论智能家居及其利弊。

语言技能：学生也掌握了一些基本的语言点和语言技巧，能够获取文本的主要信息。但大多数学生缺乏阅读策略，如略读、跳读和预测等，对文本内容的梳理、阐述以及分析和迁移能力还有待进一步的提高。

改进措施：通过小组阅读的方式，在小组长带领下，进行拼图阅读和角色扮演的课堂活动，共同合作学习，探究学习。在发表对于智能家居的观点时，教师给出一些句子模板，学生可以参照。

思维品质：高二学生虽然思维活跃，但是部分学生对于智能家居的缺点，难以得到有效认识。

改进措施：通过家庭角色扮演（爸爸、妈妈、儿子/女儿），小组进行讨论，共同梳理是否安置智能家居，并说明原因。

（四）教学设计

1. 教学目标

本节课的学习目标，完全根据新课标学业质量水平要求来制订，包括：

（1）通过拼图阅读活动，说出智能家居的优点及其设备的功能。

（2）通过扮演家庭成员，参与小组讨论，表达对于家庭安置智能家居的观点（支持/中立/反对）。

（3）以智能家居展销会为主题，通过口头介绍智能家居及其设备推销智能家居，并接受评价。

2. 教学重难点

重点：（1）引导学生了解未来智能家居为生活带来的便利；（2）帮助学生分析语篇结构与内容。

难点：（1）引导学生反思智能家居的潜在缺点；（2）引导学生对智能家居发表其观点（支持，中立，反对），并说明原因。

难点突破：（1）根据文本难易程度和学生对其熟悉程度，采用小组角色扮演、合作研讨的方式，增强学生的学生兴趣，并给出口语表达模板，相互表达对于智能家居的看法。

（2）通过同学之间互相评价、教师点评，互相补充对于智能家居的认识。

3. 问题链

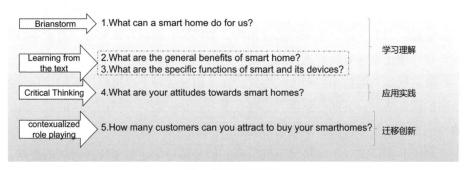

图 3 贯通课问题链

4. 教学步骤

本节课的教学环节根据设计的思维问题链展开，可分为五个步骤；

即第一步，导入部分：视频欣赏，问题回答。

第二步，课前任务展示，文章目的、类型和结构清晰。

第三步，拼图阅读，细节理解，小组绘制思维导图。

第四步，家庭角色扮演，批判性思维训练。

第五步，模拟展销会，迁移创新，教、学、评一体化。

导入部分：学生通过欣赏视频，说出智能家居的功能。让学生直观地感受普通家具和智能家居的区别，引导学生理解 smart，并表达智能家居能做什么，激发学生的学习兴趣，为语篇阅读做好热身准备。对应问题链中的问题为：What can a smart home do for us?

课前任务展示，文章目的、类型和结构清晰：学生通过展示课堂任务包中的课前预习部分，正确说出文章的主要目的和类型，并能看出文章的结构为"总分总"，为下一步小组拼图阅读奠定基础。

拼图阅读，细节理解，小组绘制思维导图：在小组长的带领下，每位同学阅读自己所分配到的段落，归纳出智能家居三个方面的优点及其体现，最终合成本小组的思维导图，并上台介绍自己小组的作品。旨在引导学生整合说明文信息的能力。小组之间互相评价，老师补充，体现教学评一体化。本环节对应问题链的问题为：What are the general benefits of smart home？ What are the specific functions of smart home and its devices？

家庭角色扮演，批判性思维训练：本环节的设置是为了内化学生对于智能家居优点的表达，检测学生是否能用到上一环节思维导图中的一些搭配，同时反思智能家居的缺点。每个学生扮演爸爸、妈妈、儿子/女儿中的一人，可参照教师给的句式，表达自己对于智能家居的观点（支持、反对或中立），并给予原因支撑。旨在引导学生发表对智能家具的观点，并思考智能家居的弊端，进行批判性思维训练。本环节对应的问题链问题为：What are your attitudes towards smart homes？

模拟展销会，迁移创新，教、学、评一体化：与上一环节角色扮演的对话语言维度不同，本环节要求学生能够进行两分钟的口语展示。学生能够利用所学有关智能家居的好处，以口语介绍推销智能家居及其产品，并接受其他小组的点评。利用智能家居展销会为主题，使学生再次迁移创新所学的关于智能家居的优越性，达到情境教学的目的，充分将所学语言进行实际应用。并利用教、学、评一体化实现以评促教。本环节对应的问题链问题为：If you were a salesman, how would you introduce your smart home devices to your customers?

本节课以习近平总书记所说过的"创新是发展的第一动力"和本单元的单元主题句"最好预测未来的方式就是创造未来"为结束语，再次回扣本单元主题，并引导学生创新，未来能够为中国的发展贡献力量，培养学生的家国情怀。也解释了本节课的作业，让学生自己发明创造一个智能家居设备，并介绍。

教学反思：本节课通过视频导入话题，使学生充分对智能家居这一话题产生兴趣，进一步通过拼图阅读，让学生参考 guiding questions，小组合作阅读绘制思维导图活动，使学生了解家庭角色扮演活动，进一步内化语言。同时进行批判性思维训练，让学生深入思考，最后通过智能家居展销会活动，再次进行迁移创新，并让小组之间相互评价，以评促教。本节课的不足之处表现为：课堂时间有限，不能让所有学生都进行课堂展示；且有部分学生缺乏自信，不敢大胆开口。

解决方案：鼓励这类学生，多给他们上台的机会。

七、基于传统文化在现代生活中的应用与创新研究

——以《纹样的魅力》单元整体教学为例

徐超

摘要： 本文探讨了传统文化在现代生活中的应用与创新，通过分析传统文化的内涵与价值，结合现代生活的需求，提出了传统文化在现代生活中的应用方式，并探讨了传统文化在现代生活中的创新发展。

关键词： 传统文化；现代生活；传承发展；创新应用

（一）引言

传统文化是指中华民族在长期历史发展过程中形成的文化体系，包括思想观念、价值观念、道德规范、艺术形式等方面。传统文化的内涵丰富，具有深厚的历史底蕴和独特的民族特色。其价值在于传承中华民族的文化基因，增强文化自信，弘扬民族精神，提高人们的文化素养，促进社会和谐发展。

随着社会的快速发展，人们对于精神生活的追求越来越高。传统文化作为中华民族的瑰宝，对于现代生活的发展具有重要意义。传统文化中的艺术作品往往具有独特的审美价值和艺术风格，通过欣赏和学习这些作品，学生可以逐渐培养出对美的敏锐感知和审美意识，提升审美水平。本文旨在探讨传统文化在现代生活中的应用与创新，为美术创作提供新的思路和灵感。

（二）课前思考

1 教材分析、学情分析

（1）教材分析：《纹样的魅力》是河北美术出版社义务教育教科书《美术》九年级下册，属于美术四个领域的"设计·应用"领域。本课位于第四学段，本课通过纹样的发展以及传统纹样在现代生活中的运用，引导学生接触并了解传统纹样及其独有的审美情趣，在渗透传统文化的同时，解读传统纹样，同时激发学生对中国传统文化的热爱，并使之融入自己的生活。学习传统纹样不仅是为了继承传统，还为了发展创造，让学生运用传统纹样与现代设计相结合进行创新应用。根据《义务教育艺术课程标准（2022年版）》要求，继承与发展文化遗产，结合生活与社会情境，运用设计与工艺知识进行传承和创造。

（2）学情分析：九年级的学生在小学阶段时对纹样内容有了一定了解，

欣赏过不同题材的纹样作品。多数同学有良好的认知能力与应用能力，能将纹样应用于生活。学生都有运用所学知识美化生活的愿望，对本课学习有着强烈的期待，但运用基本方法完成纹样设计时会出现问题。赏析能力、实践能力有待提高。

2. 教学内容的前后衔接

初中阶段的纹样学习，承接了小学民间美术的内容，并为高中传统文化教学做铺垫。

传统文化在艺术创作中具有广泛的应用。艺术家们通过借鉴传统文化的元素和形式，创作出具有民族特色的艺术作品。例如，中国画中的山水、花鸟、人物等题材，以及书法、篆刻等艺术形式，都是传统文化的缩影。同时，传统文化也影响着现代设计、雕塑等领域，为现代艺术创作提供了丰富的素材和灵感。

3. 对本课的理解

通过学习传统文化，学生可以了解中华民族的历史和文化传承，增强其民族自豪感和文化自信心。同时，传统文化中的道德规范、价值观念等也对现代人的行为规范和价值取向产生积极影响，体会传统文化在现代教育中的重要意义。

4. 对本课的疑问

（1）为何要发扬传统文化？

（2）创新传统文化的表现形式是什么？

（3）创新传统文化应如何传播？

（三）教学过程

单元整体教学——第一课时：纹样的魅力——了解纹样

1. 课前

（1）初步了解纹样的发展。

（2）观看视频，了解中国古代纹样的发展，以及不同时代的一些经典纹样。

（3）找一件自己喜欢的纹样，简要描述它，搜集纹样图片在班级电脑上展示。

2. 课中

（1）问题导入，通过提问回忆上节课所学内容，引入新课。

（2）了解中国古代纹样的发展：远古时期、新石器时代等中国古代不同时期的典型纹样特征，感受传统纹样艺术魅力。

（3）经典作品分析：亚窦方罍、花卉纹六角银盘，再次体会纹样之美。

（4）分析纹样的分类和应用。

（5）分析纹样特点，了解单独纹样、适合纹样、连续纹样。

（6）当堂达标——希沃互动游戏纹样分类。

（7）艺术表现——纹样接力：以小组为单位，尝试采用白纸对折的方法剪出一个平面的瓷器外形，以组内接力，为自己剪好的瓷器设计上喜欢的纹饰。

（8）教师示范：教师通过直观演示，突破如何进行从抽象到具象绘画与创新的难点。

（9）展示评价环节——组间互评，评选出优秀作品进行展示。

3. 课后

（1）搜集各种纹样素材，并概括它们的特点。

（2）根据今天所学的知识，设计一款属于自己独一无二的单独纹样、适合纹样或者连续纹样。

单元整体教学——第二课时：纹样的魅力——创作纹样

1. 课前

课前展示学生创作的纹样。

2. 课中

（1）情景导入：教师展示图片，说说里面出现了哪些纹样元素。

（2）纹样创作的灵感来源是什么？得出写生也是纹样创作的前提，为创作收集题材。

（3）通过对比图分析纹样写生方法。

（4）教师示范如何写生创作纹样。

（5）视频介绍中国纹样现状，讨论分析如何发扬传承传统文化，激发学生的创作热情。

（6）创意实践：运用传统纹样结合现代生活进行艺术创作，以我校"点亮幸福，筑梦成长"第九届校园文化艺术节为依托，利用纹样为第九届校园文化艺术节设计纪念手提袋、宣传手册封面、纪念笔筒、纪念品等。

（7）展示评价：互评、自评、教师点评，多方位评价。

（8）归纳总结，升华主题。

3.课后

发扬传承中国传统纹样，我们义不容辞。根据评价过程中提出的问题完善作品，助力"第九届校园文化艺术节"。

（四）教后反思

1.本课的亮点与成果之处

（1）以"立德树人"作为教育教学的根本任务。

凸显育人价值，教学目标设计要指向学生审美和人文素养进行，使学生通过艺术学习陶冶情操，温润心灵，激发学生的想象力与创造力，充分发挥艺术教育培根铸魂、启智增慧的功能。

（2）落实核心素养在课程中的关键作用。

聚焦核心素养：以美育人，以美润心。艺术课程核心素养是面向全体学生的发展、理解、创造，共同推动学生自我发展、自我超越、自我升华。核心素养在本单元设计中分别在课程建设和教学模式两个方面落实。针对学生不同程度进行层次化教学、情境化教学。

（3）依据《义务教育艺术课程标准（2022年版）》实施教学。

本课属于"设计·应用"学习领域。《义务教育艺术课程标准（2022年版）》在"教材编写建议"中指出，要在设计·应用课中设置体现优秀的中国传统美术课程，目的是"弘扬优秀民族文化，体现中国特色"。

（4）运用建构主义教学理论进行设计。

学生在小学阶段已经接触过纹样知识，根据学生已有的纹样知识结构，运用探索法、发现法来构建知识体系，了解纹样，并尝试进行创作。

2.教师对于课前问题的解决

（1）为何要弘扬传统文化?

了解传统文化在现代生活中的重要性。传统文化是中华民族的瑰宝，对于现代生活的发展具有重要意义。通过应用和创新传统文化，我们可以为美术创作提供新的思路和灵感，同时，也可以弘扬民族精神，提高人们的文化素养，促进社会和谐发展。因此，我们应该加强对传统文化的保护和传承工作，同时也要不断创新传统文化的表现形式和传播方式，让更多人了解和欣赏传统文化。

（2）创新传统文化的表现形式是什么?

随着社会的快速发展，人们对于文化的需求也在不断变化。因此，传统文化的表现形式也需要不断创新。例如，可以通过运用现代科技手段，将传统文化与现代艺术相结合，创作出具有时代特色的艺术作品；也可以通过举办各种文化活动，如文化节、艺术展览等，让更多的人了解和欣赏传统文化。

（3）创新传统文化应如何传播？

传统文化的传播方式也需要不断创新。可以通过网络、社交媒体等渠道，将传统文化传播到更广泛的受众群体中；也可以通过举办各种文化讲座、研讨会等活动，让更多人了解和探讨传统文化；同时，还可以通过与国际文化交流合作，将传统文化推向世界舞台。

3. 不足之处

通过课上展示交流、自主探究以及同学之间的交流，使学生掌握民间美术基本知识和技能。学生对纹样的种类或表现形式了解较少，关于纹样的艺术语言及特征知识也相对匮乏，实践经验甚少。

4. 改进措施

作为教学的实施者要有意识地引导学生理解纹样不同种类的经典作品，尝试进行不同形式的纹样创作，感受和体会设计纹样的快乐！

（五）结语

将传统文化融入美术教学中，可以帮助学生提升审美能力和文化素养，培养创造力和创新思维，拓宽文化视野，增强文化自信。

传统文化是人类宝贵的文化遗产，通过将传统文化融入美术教学中，可以让学生更好地了解和传承这些文化遗产，从而保护和弘扬人类文明。

参考文献

[1] 黄智敏 . 运用已学歌曲开展多元化音乐教学的有效策略——以《牧童谣》为例 [J]. 中国民族博览，2023（5）：43–145.

[2] 朱香霖 . 中小学美术教育与民族民间美术研究 [J]. 美术教育研究，2016（18）：145.

[3] 李静 . 面向未来的艺术课程教学新实践探究——以美术学科为例 [J]. 课程 · 教材 · 教法，2023，43（4）:147–152.

八、科创赋能，玩转非遗——古法造纸体验活动

冀婷婷 李婕

摘要： 科技创新教学作为一种具有前瞻性和创新性的教育理念，它的育人路径是一个多层次、多维度的教育体系，"数字化非遗"已成非遗文化生存新趋势，从而构建起新的文化认同与民族国家共识。中共中央办公厅国务院办公厅印发《"十四五"文化发展规划》提出"中华优秀传统文化的传承与发展"的指导思想，课程坚持"问题导向"项目化学习原则，依据《义务教育艺术课程标准（2022年版）》为准则，突出美育的重要性，落实核心素养培育学生全面而有个性的发展，在课程中更加明确了落实立德树人的根本任务，营造出有利于中华民族非遗传承发展的新生态。

关键词： 科技创新；非物质文化遗产；项目化学习

中共中央办公厅国务院办公厅印发的《"十四五"文化发展规划》提出"中华优秀传统文化的传承与发展"的指导思想；国务院总理李强同志在2024年两会明确指出要"推进非物质文化遗产保护传承"；教育部指导各地各校积极开展"非物质文化遗产进校园进课堂"活动。科技创新教学作为一种具有前瞻性和创新性的教育理念，它的育人路径是一个多层次、多维度的教育体系，"数字化非遗"已成非遗文化生存新趋势，从而构建起新的文化认同与民族国家共识。

（一）基于学校价值引领，设计项目化学习背景

在"幸福"教育的引领下，学校通过五育并举，全面培养学生的综合素质，实现带有鲜明科技特色的现代化名校，成就师生有意义、有价值的幸福人生。学校落实课程标准，聚焦核心素养，将国家课程与校本课程有机融合在一起，构建"钻石课程模型"。"模型"以立德树人为底座，以培养学生核心素养为途径，构建国家课程和特色课程紧密融合的五面体系，搭建为学生成长的三级课程的平台。基于以上背景分析，优秀传统文化创新十分具有必要性，有助于培养学生具备科创思维和匠人匠心精神。

（二）核心素养指向，设计项目化学习目标

1.校本实践探索中的 STEM 与跨学科融合教育

习近平总书记多次强调，课程教材要发挥培根铸魂、启智增慧的作用。《古法造纸》是世界级非遗造纸术的创新，属拓展类课程。课程在实践过程中蕴含 STEM 学科领域内容附加语文、生物、道德与法治学科进行跨学科融合，综合体现学生的核心素养。

2.古法造纸教学实践与新课标目标融合聚焦

课标指出，核心素养是课程育人价值的集中体现，是学生通过课程学习逐步形成的正确价值观、必备品格和关键能力，是教学的关键因素和有效抓手。在古法造纸与科技融合的项目化学习中，明确的学习目标犹如明亮的灯塔，直接影响到核心任务和支持性活动的设计，塑造教学路径，引领学生朝着清晰的理解和技能提升之路前进。

（三）以学生为中心，设计项目化评价前置

践行新课改，落实新时代学校美育教学高质量发展是时代的需要，实施教、学、评一体化教学是提升课堂教学质效的有效手段。美术评价体系在学生的成长过程中起到了重要的促进作用，有助于更好地促进学生的核心素养发展和综合素养提升，有利于实现学生的终生发展和可持续性发展。因为评价要在课前、课中、课后达到一致性全过程评价，所以在设计项目时把"评价"前置，借助教师的提前预设，给学生提供支架，引导思维方向，确保学生的"学"与教师的"教"保持高度一致。

（四）转变"教与学"方式，设计项目化课程实施

项目以"科创赋能，玩转非遗——《古法造纸》体验活动"为情境，开设三项任务，一境到底，任务成链，问题成串，利用 PBL 问题为导向，实现项目驱动。

1.传承中国传统文化

项目化学习创造着新的教学实践，它能够反映出学生生活和学习的环境。创设丰富多样的学习情境，发挥跨学科学习的综合育人功能，进行再探索，再实践。造纸术是中华民族文化艺术的瑰宝，是历史长河中璀璨的明珠。通过驱动问题：传统的《古法造纸》技艺是怎样制作的？结合"查阅相关资料并分享""传承弘扬非遗传统文化"活动版块，运用短视频带领学生们了解《古法造纸》传统技艺传承发扬的必要性，从而古为今用，在继承中创新。

2. 弘扬中国传统文化

保护、传承非遗文化是教师教学中意义深刻的工作，是学生个性发展的有利平台。起初学生会带着疑虑，他们会看到传统工艺做一张纸出来非常烦琐、且工具不全，怎么可能做出纸来？正是带着这样的疑虑，探究驱动问题：如何用艺术创新手法实现《古法造纸》技艺呢？

（1）寻找身边造纸材料

课标指出，要"进一步精选对学生终身发展有价值的课程内容"，学校教育从"知识本位"转向"素养本位"。通过小组合作建立"自我导向型任务"，学生自主设计"纸"的调查报告，主动探究可循环利用的废纸确定创新材料，重视培养学生的自主学习能力，促进教学模式的变革和创新。这一过程的探究也正是科创所需具备的能力。

（2）运用创新材料、创新手法、创新形式制作纸张

"任务驱动"是一种建立在建构主义教学理论基础上的教学法。它要求"任务"的目标性和教学情境的创建，是学生带着真实任务在探索中学习。校本《古法造纸》非遗课程将繁杂工序简化，增加了孩子们操作的趣味性和创造性。课程从宏观的顶层设计到微观的具体操作，树立环保理念的同时颇具意义地将系列故事映入校园，与生活相结合，在手法、形式上将造纸技艺创新。通过任务驱动真实发生，在同学们的心里种下了一颗"科学精神"的种子，激发学生的钻研精神。

3. 彰显新质生产力

面对百年未有之大变局，面向 2035 更高水平的育人目标，我们需要"高科技、高效能、高质量"要求。新质生产力的首要成色是"新"，核心要求是创新。学校作为教育、科技、人才的汇集地，教师以知识激发创新，以智慧引领创造，在发展新质生产力的赛道上既肩负重要使命，也拥有独特优势。

（1）制作学校图景沙盘

学生用智慧与创意为运用《古法造纸》技艺设计草图，制作主体物。考虑到纸的吸水性，空气中难免会有湿度，在纸的表面先用定画液处理，再用 PVC 材料进行封层，以便于保存。

通过学校自然生态生命教育特色课程，进一步强化师生的生态文明建设的意识，形成人与自然和谐共生的格局，共建学校的智慧生态系统，将学校"航天精神铸人，学科思想育人，自然生态立人"的育人体系贯彻落地。在制作草坪时，带领学生研制新型纸张"种子纸"借助生物学科知识让学校沙盘更加生动逼真，

响应我校"自然生态生命教育"的自主实践探究。

内景则带领学生选择两处带有鲜明科技特色的标志性地点，过程采用古法造纸技艺融合 3D 打印技术、灯光路线排布设计，让形象更具有立体感，科技感更强。

（2）绘制幸福代言人形象

随着智能媒体的高效发展，数字媒介空间正深刻地影响人类的生活、学习和思考方式，创造了新的生态媒体环境和新的网络虚拟文化，其最新的展望——"元宇宙"及"ChatGPT"沉浸式生存空间与智能"机器人"知识服务平台。由此，传统文化价值快速溢出原有社会认知框架之外，与数字文化的价值框架交融，形成线上线下一体、虚实融合传达的新社交形态。

运用"数字化生存"与非遗走进数字媒介空间，通过代言人的宣讲能够更进一步地传播学校文化与特色。用 animated drawings 软件，把平面图进行 AI 智能处理并用专业的 3D 建模，最终形成更加生动的"幸福代言人"形象。当形象确定后，会设计出相应的文创产品，赋能成果价值。

（3）虚拟数字影像模拟校园

通过"制作学校图景沙盘""绘制幸福代言人形象"两项环节制作，用数字影像相关技术把做好的古法造纸校园沙盘生成动态影像，3D 生成的形象嵌入动态影像中，作为幸福游览解说员，最后两者结合，做出虚拟数字影像，用创新方式实现云端游览与观赏。

科创教育是一种面向未来的教育，学校作为教育主阵地，积极推动科创教育的发展。作为美术老师，在科创教育教学的背景下，不断提升自己的专业素养和教学能力，以更好地引导学生探索美育的无限可能，并培养他们的创新精神和实践技能。在学生心中种下一颗科技与人文并重的使命种子，为党和国家培养社会主义建设者与接班人。

参考文献

[1] 汤书昆 . "数字化生存"条件下中华多民族非遗传播的新生态 [J]. 上海交通大学学报（哲学社会科学版），2024，32（3）：1–17.

[2] 李维明 . 围绕核心素养，体现课程性质，反映课程理念——信息科技课程目标的理解 [J]. 中国信息技术教育，2023（22）：10–12.

九、基于 STEAM 理念的初中信息科技项目式学习设计研究

——以"幸福校园数字气象站系统建设"为例

信息中心 袁亚娜

摘要：基于 STEAM 理念的初中信息科技项目式学习设计，以"幸福校园数字气象站系统建设"为例，融合了多学科知识，通过实践活动培养学生跨学科整合和创新能力。学生在项目中学习传感器技术、开源硬件等，实现气象数据实时采集与记录，培养其科学态度和探究精神。项目不仅丰富教育内容，还提升学生学习体验和成果，为其未来科学研究和实践工作奠定基础。

关键词：科学素养；项目式学习；跨学科学习；中学信息科技

（一）引言

在党的二十大报告中，教育、科技与人才首次被整合为一体进行讨论。它们被视为构建社会主义现代化国家的基石和战略支撑，其中科技是核心驱动力，人才是稳固的基石，而教育则是根基所在。根据《义务教育信息科技课程标准（2022 年版）》，教师在进行教学时，应深入真实情境，强化不同学科间的联系，以促进学生进行高效的知识迁移，并培育他们的学科核心素养。这种以真实情境为背景、基于 STEAM 教育理念的项目式学习，对于提升学生的高通路迁移能力有很大帮助，使他们能够灵活运用所学知识解决生活和学习中的各种问题。

（二）核心素养、STEAM 理念与项目式学习的理解

教育部颁布的《义务教育信息科技课程标准（2022 年版）》明确指出初中信息科技课程通过构建关联的课程结构，引导学生从生活的信息科技场景中发现并提出问题，培养学生探索利用信息技术手段解决问题的过程与方法，加深学生对信息科技原理的认识，提升解决实际问题的能力，发展学生的学科核心素养。为实现信息科技学科核心素养目标，基于 STEAM 理念开展以学生为主体的项目式学习成为一种新的教学尝试。

STEAM 教育理念是以科学、技术、工程、数学四门学科知识综合应用为主，

辅以美术、音乐等艺术元素，其形式主要是以项目式研究来开展活动，并在活动中注重培养学生的工程思维；是基于学生生活中所存在的实际问题和真实任务，以主题或项目的形式进行跨学科融合的项目式教学设计，引导学生发现并提出问题、分析问题与解决问题，在充分理解单一学科知识的基础上形成对跨学科知识的全面建构，从而更好地聚焦和解决现实问题、完成项目实践。

以 STEAM 理念开展的教育，主要是以项目式学习的方式进行。项目式学习是一种强调学习者自身学习能力的教学模式，是一种促进以学生为主、对现实世界的主题或问题进行探究的创新方法。

综上所述，STEAM 和项目式教学是达成信息科技学科核心素养的必要的理论与实践指导。下面以《幸福校园数字气象站系统建设》项目为例，阐述如何基于 STEAM 理念将初中信息科技知识嵌入具体项目中，在项目推进的过程中促进学生掌握信息科技学科知识，提升解决实际问题的综合能力，发展学生的信息科技核心素养。

（三）"幸福校园数字气象站系统建设"项目教学设计

研读课程标准与教学材料，分析学情，明确项目主题在进行项目设计时，应对项目背景、项目内容以及学生学情进行充分分析，以设计符合课程标准、学生需求和各知识能力水平的项目。

（1）项目背景分析

我校秉持"航空航天科技与自然生态教育"的办学理念，本项目作为航空航天科技教育的重要一环，旨在运用科技服务自然生态课程，促进课程间的深度融合。我校的自然生态基地是培养学生环保意识和技能的重要场所。然而，传统种植常受天气、环境制约，缺乏精准气象数据支持，导致效果不稳定，影响学生学习体验。为此，结合八年级"互联智能设计"课程，提出"幸福校园数字气象站系统建设"项目。

（2）项目内容分析

本项目内容来源于初中信息科技课程八年级跨学科主题"互联智能设计"中的在线数字气象站，属于跨学科教学内容。本项目围绕着"受多变天气和复杂环境因素的影响，如何使种植活动的效果更加稳定？"这一驱动性问题展开，根据教师创设的真实情境，通过教师的引导，学生思考解决问题的方法。

（3）学生学情分析

本项目的授课对象为八年级人工智能社团课成员，此前，学生已经学习了温湿度传感器的功能、工作原理，熟练掌握了开源硬件的基本使用方法，能够运用 Mind+ 软件编写程序，有算法编写的基础并且能够将行空板与部分外部元件正确连接。

（4）项目教学目标

"幸福校园数字气象站系统建设"项目紧扣学生真实生活，旨在通过讨论让学生理解气象站工作原理，并综合运用多学科知识解决实际问题，提升信息科技核心素养。基于此，确定了本项目的教学目标。

·学生能够简要说出所使用传感器的工作原理和功能；

·学生能够用语言描述校园气象站系统的工作原理；

·学生能够通过小组合作将行空板和各类传感器正确连接；

·学生能利用 Mind+ 软件编写出传感器收集数据并将数据远程传输到移动端的代码，使其实现气象数据获取以及远程监测功能；

·学生能够掌握物联网的基本原理，并通过编程实现气象数据的远程监测功能；

·学生能够通过传感器与物联网软件相结合的项目活动采集、分析和呈现数据，并将数据运用到实际编程判断中；

·通过领会范例代码的意义，使学生能有意识地分析、总结解决问题的方法，进而设计出新算法解决实际问题，并将其迁移到其他问题解决中，初步具备解决问题的能力。

（5）项目设计思路

"幸福校园数字气象站系统建设"是一个跨学科项目，它强调跨学科的深度融合，如科学与技术、工程、数学的融合。采用 STEAM 理念指导"幸福校园数字气象站系统建设"这一项目的开展，有利于学生在学习和实践的过程中融合多学科知识，提升学生的综合素养。

在 STEAM 理念指导下，笔者以发展学生综合素养与跨学科思维为核心目标，融合多学科的知识、技能与方法，梳理了本项目实施过程的教学设计框架，主要包含了以下四个环节，分别对应所涉及的 STEAM 理念（图 4）。

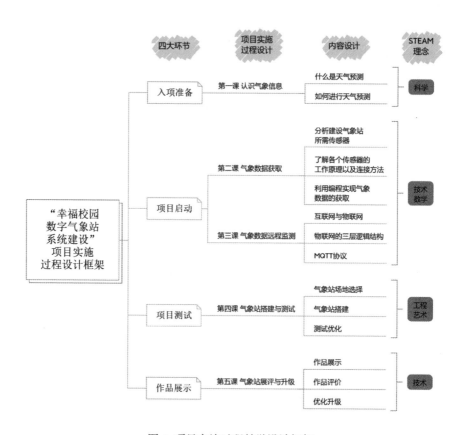

图 4 项目实施过程教学设计框架

（三）"幸福校园数字气象站系统建设"项目实施

1. 入项准备

从"认识气象信息"入手，在这一学习活动中，要求学生系统地收集并学习"什么是天气预测以及如何进行天气预测"的相关资料。这一环节旨在深化学生对气象学的认识和理解，并培养学生跨学科整合知识的能力。这一活动不仅是对气象学知识的深入学习，更是对学生科学素养的全面培养。通过认识气象信息这一环节，学生将建立起扎实的理论基础，为后续的学习活动奠定坚实的基础。

2. 项目启动

在本环节中，学生已经深入理解了天气预测的原理，将进一步深化对气象站所需传感器的理解与应用。在这一阶段，学生将学习制作气象站所需的其他关键传感器，理解其工作原理与在气象数据获取中的应用。通过这一活动，学生将能够熟练运用传感器技术、开源硬件以及编程软件，搭建一个简易的校园气象站。这一过程中，学生将体现出较高的科学技术素养，能够将理论知识与实践操作相结合，实现气象数据的实时采集与记录。

但是在气象数据记录过程中，学生会面临因恶劣天气或假期离校等特殊情况无法及时记录气象数据的困难。为了解决无法及时监测气象数据这一问题，进入气象数据远程监测阶段，利用物联网技术实现远程监测功能。

3. 项目测试

本环节包括气象站场地选择、气象站搭建及测试优化。为确保气象信息的准确性，需要选择一个开阔、无遮挡的地点，以避免周围环境的干扰。地点确定后，就进行气象站的搭建。搭建过程包括硬件连接、软件编程以及气象站外壳的搭建。在搭建气象站外壳时，学生需要运用工程思维进行设计和搭建，通过这一阶段的学习活动，学生不仅能够提升工程实践能力，还能够培养创新思维和解决问题的能力。搭建完成后，需要进行测试工作。测试的目的是验证气象站的各项功能是否正常、数据是否准确可靠。在测试过程中，学生需要仔细观察气象站的工作状态，记录数据的变化情况，并根据测试结果进行分析和调整。如果出现问题，学生需要分析原因并采取相应的措施解决，不断优化改进气象站的性能。

4. 作品展示

在本环节中，展示各自小组的作品，分享创作过程中的问题和收获，并进行自我评价。师生共同探讨作品和遇到的问题，并提出建议。通过作品展示与交流，培养了学生的分享精神。教师引导学生进行综合评价，并展示了测得的部分数据和汇总表。最后，教师提出新问题，引导学生对比校园气象站与中央气象台的数据，分析误差原因，以培养学生的科学家精神和思辨思维，引导他们继续探索和完善作品。

表 2 各项部分数据汇总

主题	消息	时间
幸福校园数字气象站 / 温度数据	24.2	2024-03-19 14:42:40
幸福校园数字气象站 / 湿度数据	19	2024-03-19 14:42:40
幸福校园数字气象站 / 温度数据	24.2	2024-03-19 14:46:56

主题	消息	时间
幸福校园数字气象站／湿度数据	18	2024-03-19 14:46:56
幸福校园数字气象站／气压数据	1049	2024-03-19 14:42:40
幸福校园数字气象站／气压数据	1049	2024-03-19 14:46:56
幸福校园数字气象站／风向数据	西北偏北	2024-03-19 14:42:40
幸福校园数字气象站／风向数据	东南偏东	2024-03-19 14:46:56

（四）"幸福校园数字气象站系统建设"项目中的 STEAM 理念

在科学层面，学生在进行气象站项目时，需了解综合运用气象学、物理学和地理学等多学科的专业知识，确保气象站项目的顺利进行和气象数据的准确获取；在技术层面，气象站的搭建涉及多项关键技术，其中包括传感器技术的运用以及文字处理软件在汇报中的应用等。通过运用传感器技术和文字处理软件，学生不仅能够掌握气象站搭建的核心技术，还能够提升数据处理和报告撰写能力，为今后的学习和生活奠定坚实的基础；在工程层面，第四阶段要求学生对气象站的外壳进行设计和搭建，在设计过程中，学生需要运用工程设计的原理和方法，进行外壳的结构设计以及连接方式的确定。这一过程中，学生的工程思维得到了充分体现和提升；在艺术层面，成果汇报前的海报设计是一项综合性艺术实践活动，它要求学生发挥艺术思维，结合创新思维与审美能力，共同设计制作出精美且具有吸引力的海报。在海报设计过程中，学生的艺术思维得到了充分体现；在数学层面，学生在气象站项目中通过记录温度、湿度以及气压等气象数据的变化，深入探索它们之间的关系，这一过程充分体现了数学思维的应用。他们能够将数学知识与实际问题相结合，运用数学方法解决气象学领域的实际问题，为气象预测和气候研究提供有力的数学支持。

（五）结语

"幸福校园数字气象站系统建设"将实时监测生态基地的气象信息，并将数据以直观的方式呈现在学生和教师的手机或电脑端。学生可以通过了解当天的天气情况，根据气象数据合理安排种植活动的时间和方式，进而提高种植的效果和成功率。通过"幸福校园数字气象站系统建设"项目，相信可以为学生提供一种全新的种植体验，让他们在实践中学习，从而更好地掌握生态环境知识，培养环境保护意识和实践能力，为可持续发展作出贡献。

参考文献

[1] 中华人民共和国教育部. 义务教育信息科技课程标准（2022 年版）[S]. 北京：北京师范大学出版社，2022.

[2] 周静. 美国马萨诸塞州小学 STEM 教育活动设计的理念及其启示 [J]. 教学与管理，2021，No.831（2）：74–76.

[3] 赵慧臣，陆晓婷. 开展 STEAM 教育, 提高学生创新能力——访美国 STEAM 教育知名学者格雷特·亚克门教授 [J]. 开放教育研究，2016，22（5）：4–10.

[4] 阿卡西娅·M. 沃伦. 跨学科项目式教学 [M]. 中国青年出版社，2020.

十、基于培养科学创造力的小学美术项目化实践研究

——以"美观的年锦盘子"为例

高佳怡

摘要：随着教育改革的深入，项目化学习逐渐成为了小学美术教育的新趋势。本文从科学创造力的视角出发，以"美观的年锦盘子"为具体案例，分析小学美术项目化学习的教学现状，探讨小学美术项目化实践的有效方法。

关键词：项目化学习；小学美术；科学创造力；年锦盘子

（一）小学美术项目化学习存在的教学现状

《义务教育艺术课程标准（2022 年版）》要求美术课程应适应素质教育的要求，面向全体学生，选择基础的、有利于学生发展的课程和有效学习方式。但在实际教学中，笔者发现，小学美术项目化教学，主要存在以下四个问题。

1. 教师能力的参差不齐

很多小学美术教师虽然在传统美术教学方面有着丰富的经验，但对于项目化学习、科创思维等现代教育理念和实践方法的掌握相对较少。在设计和实施项目化学习时，教师往往难以将科创思维有效地融入教学当中，限制了学生创造力的发展。

2. 学生科创能力体现不足

由于教学方式和评价体系的限制，学生在项目化学习中往往只是被动地接受任务，缺乏主动探究和创新的机会，导致他们的科创能力得不到有效提升。

3. 课堂参与性差异较大

项目化学习强调学生的主体性和参与性，在实际教学中，因学生兴趣、能力等方面的差异，学生参与项目的程度和效果也存在较大的差异，一些学生可能难以充分参与到项目化学习中。

4. 评价体系的不完善

当前小学美术项目化学习的评价体系往往过于注重学生的作品成果，而忽视了学生在项目过程中的表现、合作、探究等能力的发展。单一的评价方式无法全面、客观地评估学生的学习成果和项目的实施效果，也不利于激发学生的

学习积极性。

（二）基于培养科学创造力的小学美术教学项目化教学策略

1.科创与美术课堂相结合策略

（1）AI生图技术。通过学习使用AI生图软件，将自己的创意转化为独特的艺术作品。

（2）AI评价系统。对作品进行客观、全面的分析，提供有针对性的反馈和建议。

（3）3D打印笔。利用3D打印笔将设计转化为立体的实物，理解空间感和立体感。

（4）培养科学思维。引导学生观察周围的事物，进行简单的实验，提出并解决问题。

2.跨学科融合策略

（1）美术与语文学科相融合：将美术与语文学科的欣赏评述相结合，让学生在欣赏美术作品的同时，深入地体验作品所传达的情感和意义。

（2）美术与科学学科相融合：在"美观的年锦盘子"项目化教学中，盘子的材质可以用科学的方法为学生讲解分析，并选择不同材质的盘子进行创作。

3.多媒体教学策略

（1）图片。捕捉美术作品的细节和特色，以动态、立体的形式展现其美感和创意。

（2）视频。教师录制自己的教学过程：为学生示范绘画，供学生反复观看和学习。

（3）剪辑。将多个拍摄的视频片段进行拼接、剪辑，加入特效、音乐等元素，创作出具有特色的视频作品。

（三）基于培养科学创造力的小学美术教学项目化实践——以"美观的年锦盘子"为例

1.深入研读美术教材，提炼学习主题

本次"美观的年锦盘子"主题的教学指导思想主要依托"非遗进校园"指导思想，《关于加强新时代中小学科学教育工作的意见》《关于全面实施学校美育浸润行动的通知》等文件内容，贴近学校幸福教育的办学理念，依照课程标准，引导学生感知、发现、体验和欣赏艺术美、自然美、生活美、社会美。

笔者首先将五年级下册美术课本中的 10 课时的课程进行了重组建构，如《色彩的对比》《用纸箱板作画》《城市雕塑》等，提取校本教材中能够提高学生科学创造力的特色点，加以融会贯通，设计项目化课题"美观的年锦盘子"。

既锻炼学生科创能力，又能丰富校本课程的内容，最终能够达到完整实施项目计划的教学目的。

2. 制订项目化学习目标，落实核心素养

项目化学习的宗旨是落实核心素养，结合课程标准、单元内容和学生的实际发展情况，笔者确定了五年级"美观的年锦盘子"项目化学习目标。

审美感知：运用语言文字对盘子作品进行感知和评价，发现年锦的造型美和色彩美，掌握装饰美化校园的方法。

艺术表现：学习用年锦纹样装饰盘子，提炼年锦的纹样颜色进行作品创作，结合科学技术与跨学科知识内容，提升学生的创意表达能力。

文化理解：通过对优秀工艺品赏析，感受非遗文化的魅力与盘子造型的奇特，体会科技创新带来的变化，增强热爱中国传统文化的情感。

创意实践：通过观察对比的方式，感受造盘子与年锦造型相结合的艺术语言与艺术形式，了解年锦是怎样构思创作出来的。培养学生的探索精神，增强其学习迁移能力。

3. 联系生活实际，设计驱动性问题和任务

项目化学习要从设计真实情境的驱动性问题开始。本课的驱动性问题为：如何设计美观的年锦盘子美化校园？核心任务分配于各个阶段，层层进阶，最后解决驱动问题。

4. 开展适宜的项目活动，实施项目多元评价

（1）项目准备

本项目主要开展先以课前进行问卷调查为切入点，通过美术课堂实际了解学生对 AI 及 3D 技术的认识，并将项目分为前期准备、中期实施、后期处理三个部分。前期准备：学习基础知识、任务单准备、实地考察、分享交流、小结汇总，中期实施：分阶段、分课时、分任务有层次地进行实施，实施过程全程录制，后期处理：作品布置、项目汇总。

（2）项目流程与内容

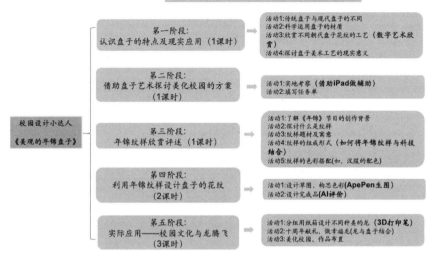

图 5 项目流程与内容

（3）项目成果展示与评价

项目化学习有别于一般学习成果，学生最终会形成一个或者一系列成果，主题多样、样式丰富，例如图片、绘画、视频、文本等。这就决定了它比一般学习方式更注重评价反思。

本次项目化学习的评价主体不仅是学生自己，同伴、教师、家长等都会进行即时的评价。并增加 AI 评价，对学生的作品进行客观、全面的分析，提供有针对性的反馈和建议。学生也可对 AI 评价进行思辨，培养学生的批判性思维。

（四）结语

基于科学创造力培养的小学美术教学项目化实践是一种有效的教学方法。通过引导学生自主设计、实践操作和合作交流，这种教学方式能够有效提升学生的科学创造力，解决小学美术项目化学习中存在的部分问题。未来，笔者将不断强化基础美术教育中的探索性的项目化学习方式，使学生在学习过程中不断地形成创造性的思维方式以培养其科创能力。

参考文献

[1] 尤艺霖 . 小学美术教学中培养学生想象力的策略 [J]. 美术教育研究，2023（13）：181–183.

[2] 刘琳琳. 基于单元主题的小学英语项目化学习实践策略 [J]. 天天爱科学（教学研究），2023（7）：164-166.

[3] 张炎虹. 项目式学习在小学美术课程中的实践策略探究 [J]. 考试周刊，2023（14）：142-146.

十一、基于校长专业发展的"励耘好校长"项目实践探索

北京师范大学"励耘好校长"项目组 马熙玲 李婕 张亚南

摘要： "励耘好校长"是北京师范大学教育培训中心历时多年研发实施的三年制学校团队培养项目，着力探索新时期学校领导力的培养与提升。项目以促进学校发展为核心，以提升校长专业能力为目标，基于《义务教育学校校长专业标准》形成培训课程框架，打通提升路径，按需施训，采用"双导师""双班主任"制全程跟进指导。通过专家引领、专题学习、案例研讨、论坛交流、浸润考察、专家下校会诊、学习反思、成果固化等方式，提升参训校长"规划学校发展、营造育人文化、引领课程教学、引领教师成长、优化内部管理、调整外部环境"的专业能力。为项目实现区域联盟，加强互动交流，博采众长，形成学习共同体，实现共赢共好。为地区树立标杆学校，营造良好育人氛围。培养出一批批素质高、业务精、能力强、富有教育情怀的好校长，从而带动市县地域整体教育质量的提升，以及对乡村教育的振兴贡献力量。

关键词： 培训课程；校长培养；专业发展

为贯彻党的教育方针，落实教育规划纲要和《国务院关于加强教师队伍建设的意见》(国发〔2012〕41号)，2013年2月教育部印发《义务教育学校校长专业标准》。指出校长应具备五大核心理念、三大维度素养、六大专业职责。2014年，教育部办公厅印发《关于启动实施中小学校长国家级培训计划的通知》，再次强调要培养造就一批办学实践能创新、教育思想超前、社会影响大，尤其是教育家型的优秀校长。2015年，《普通高中校长专业标准》《幼儿园园长专业标准》等文件相继出台，旨在引导校长全面推动学校发展，进而借助校长队伍素质的提升，促进教育质量的提升。2018年《中共中央 国务院关于全面深化新时代教师队伍建设改革的意见》明确提出，要加强中小学校长队伍建设，努力造就一支政治过硬、品德高尚、业务精湛、治校有方的校长队伍。在2020年9月联合印发的《关于进一步激发中小学办学活力的若干意见》中，中央八部委提出，要注重选优配强校长，增强办学支撑和保障能力。"十四五"教育规划中提出要推进教育高质量发展，党的二十大提出要建设教育强国的战

略目标。由此看来，在学校教育现代化的进程中，校长的教育情怀、办学思想、专业水平对于办好一所学校，提高教育质量尤为重要。

我国著名教育家陶行知先生说过："校长是一个学校的灵魂。"可见校长是学校教育的核心和关键，是学校牵一发而动全身的"命脉"，是带给学校蓬勃发展的重要因素。中国的教育正在走向新世纪，如何促进教育的高质量发展，如何办好人民满意的教育，如何扎实推进教育强国建设，加强校长培训就显得格外重要，势在必行。但目前校长培训现状不容乐观，还存在培训方案设计不到位、培训课程不系统、相关制度不健全等问题，致使在任的中小学校长在面对改革中出现新问题时，显得力不从心。校长管理经验不足，专业素质和管理能力仍存在短板，同时校长还面临着来自教育质量、学生安全、教师队伍建设等校内外各种压力和挑战。尤其是县城、农村或三四线城市的大部分校长，没有经过规范系统的培训。新上任的校长一般是跟着感觉干，任职几年的校长是跟着要求干，有一些资历的校长是跟着固有的思维定式干。这种状态与教育日新月异的教育发展很不适应，需要外力驱动，全方位提升校长的办学水平和管理水平，促进学校高质量可持续发展。

鉴于此，"励耘好校长"北京师范大学教育培训中心研发的校长、后备校长队伍2~3年制的培养项目应运而生。此项目着力探索新时期学校领导力的培养与提升，以提高校长专业能力为目标，通过理论学习、实践探索、交流研讨等多种方式，为校长提供丰富的培训资源和机会，帮助校长更好地应对教育改革和学校发展的挑战。

（一）诊断前置，实现精准定位

全面了解培训需求，是做好校长培训工作的前提，是培训前的准备措施。因为参加培训的学习目的性很强，每个人的需求不一样，所以非常有必要了解校长们的实际需求，了解校长们的困惑所在。项目组从学生基本信息、校长六大专业标准的认知与起点、自身专业发展的瓶颈、迫切需要提升或研究的兴趣点等方面设计问卷，了解校长们的真实需求。通过对调查问卷的深入分析，了解到校长对培训的需求十分强烈；参加培训的目的明确，主要是提高自身的管理水平；希望采取"参与式、互动式、体验式、生成式"的授课方式，让参训校长的主体地位得到充分的体现；培训方式上，希望集中专题培训与实地参观考察相结合；授课师资的人选上，绝大多数选择一线校长和教育专家。调查问卷也诊断出了参训校长们的共性问题：重视价值引领不够，科学研究和品牌意识不强，缺乏理论学习和系统建构能力欠缺等。前置性诊断就像 GPS，确保精准定位课程内容。在实际培训中起到保护驾驶的作用，了解需求，关注差异，从而提高课程内容的针对性和培训成果的有效性。

（二）按需施训，构建课程体系

"励耘好校长"构建全面、系统的课程体系，对标对表国家政策，依据校长六大专业标准编写，符合学校发展需求，注重理论与实际，注重与他人的合作和交流，促进校长们的相互学习与共同进步。在课程体系的内容方面，包括理论基础、政策文件、学术研究、双向跟岗、沙盘模拟、实践案例等各个方面（详见图6）。课程体系注重系统性和连续性，并制定出科学合理的评估标准，以确保培训的质量和效果。

图 6 教学课程体系

（三）搭建桥梁，打通理论和实践通道

"励耘好校长"培训是一个非常有价值的培训项目，它注重理论联系实际，强调将教育管理理论应用到实际的教育管理工作中去。有效发挥桥梁纽带的作用，帮助参训校长更好地面对教育改革和发展过程中的挑战和机遇，提高教育管理水平和综合素质。同时也为地方教育培养一批理论水平高、综合能力强、业务水平好的复合型领军人才。

桥梁之一，师资队伍雄厚。"励耘好校长"项目的授课专家有着丰富的一线教育教学经验，且参与政策制定，深谙政策出台的背景。对政策解读时能够深入浅出，通俗易懂，有助于校长们更好地理解和掌握教育政策规定，为学校的发展提供更加科学、规范、有效的指导和支持。同时，也能够增强校长们的政策意识和法治观念，为学校的教育教学和管理提供更加有力的保障和支持。

桥梁之二，提供学习支架。"励耘好校长"项目组自主研发《中小学管理沙盘模拟推演——学校领导力提升教程》，是一种基于模拟企业运营管理的培训课程，将企业管理与教育管理有机融合，培养学员的全局思维和决策能力，全面提升领导力水平。历时 8 个月精心打磨，9 位沙盘专家浸入式研发，15 名资深校长参与式研发，100 位一线校长深度体验。沙盘课程突破传统校长培训的时空局限，以学员体验新任校长的工作为任务主线，模拟学员置身真实的学校管理情景，分组进行深入讨论和决策，由专家带领复盘决策依据、分享困惑、反思教训、总结经验，帮助学员理清高效管理的路径，并提供解决问题的核心工具和方法。课程活动以小组为单位，进行四轮沙盘决策，每轮决策都将获得相应的分数，四轮之后将以总分数排定小组的名次。生动而有趣的沙盘课程为每位学员提供了零风险、零试错成本的机会。该沙盘具有三个特点：第一，科学的底层逻辑建构以最新的中小学教育理论、目的及要求为基础，从校长所应该具备的能力与素质角度出发，系统地建立沙盘模型。第二，严谨地考察模块、系统地俯视校长的工作，逻辑严谨，能够全面地考察校长的素质与能力。第三，用典型的工作事件模拟该沙盘课程，演练事件的挑选均是学校管理工作中具有代表性、挑战性的事件，极具参考借鉴价值。知名专家体验后评价"沙盘推演"这种形式为长期传统的校长培养模式找到了一条新的道路，沙盘培养是一种富有激情、能够持续发展、调动校长思维积极性、激发校长内在创新能力的一种培养形式。这一崭新的形式，必将为参加培训的广大中小学校长的思维启迪和创新精神提供强有力的帮助。

桥梁之三，机制保障效果。培训采用"双导师与双班主任制"，实现了管理模式与培养形式上的创新。并采用多样化的研修形式，学员通过专题讲座、挂职跟岗学习、专家入校会诊督导、开展课题研究、远程指导、论文专著结集、召开办学思想研讨会、举办读书会、成立工作室、构建学习共同体等多种渠道和形式进行理论结合实践的学习，实现双基地与多地点的培养架构。通过团队建设与班级文化建设，充分调动和发挥学员的主动性、积极性、创造性和团队意识。培训过程中，"双导师"指导陪伴，为参训校长答疑解惑，提升其理论研究水平、问题解决能力和科研成果转化能力。形成了由理论指导实践，到实践推动理论创新发展，再到更高层次的理论指导新的实践的螺旋式上升的发展态势。"励耘好校长"燕山卓越校长培养工程实践导师曾走进燕山星城小学开展了以《学校文化建设与青年教师教学研究能力提升》为主题的入校指导活动，对两节示范课进行了庖丁解牛式的分析点评。针对"学校文化建设如何促进青年教师教学研究能力提升"这一话题，导师们以小学语文古诗教学"一课三研"为例，谈到了教研是如何促进教师专业化个性化发展，分享了如何增设有效课堂的学习效果反馈、教学质量评价方案，如何促进学生主动学习，发展学生的高阶思维水平等方面经验。在此次实践导师入校指导活动中，以"创新融合型目标驱动式学习模式"调动了学员们的积极性，打破了传统教培行业"听"专家讲，"等"专家看，"怕"专家问，"随"专家走的被动学习模式，更进一步了解和掌握了新课改的发展方向和目标，反思了以往工作中的不足，充实了学员的头脑，使学员领悟到新时期学科教学的精神实质，为教学能力的提升奠定了基础。

校长们通过系统培训，改变了过去认为"理论高大上，过于抽象，离实际太远用不上""只学和自己工作相近的内容就行"的想法；实现了总凭经验管理，而非寻根溯源理论支撑上的突破；解决了理论与实践脱节的难题。在实际工作中，能够对标国家政策，并结合学校文化和特色，实现顶天立地。学会了从宏观、中观、微观层面多层次思考问题。逐步形成将国家育人蓝图，有效转化为施工图，再细化为实景图的能力。

（四）区域联盟，形成学习共同体

培训项目采取"异质"组织方式，实施联盟，实现共好。"异"为异地，"励耘好校长"培养计划经过多年的理论研究和实践探索，已在山西省晋中市、广东省广州市番禺区、浙江嵊州市、北京燕山地区、四川成都高新区等多个地区实现了高效落地，带动了区域教育质量整体提升，奠定了坚实的人才基础，成为助力区域教育发展的核心内驱力。同时参训校长来自不同地域，不仅为培训课程提供了鲜活丰富的实践素材，也可以帮助校长们更好地了解不同地域的文化和背景，也为校长们分享各自地区的教育管理经验和文化特色，交流教育改革和发展过程中的经验和挑战提供了平台，从而更好地推动不同地域之间的教育合作和发展。"质"为参训校长来自不同学段、不同体制的学校，这样可以帮助校长们更好地了解不同学段和体制的教育规律和特点，拓宽视野，提升站位，打开格局，以此加强校际的交流合作，学研共进，切实提高学校的管理水平和教育教学质量。

"励耘好校长"学习共同体是一个有效的学习平台，借助联盟合作、互促互进的培训方式，基于校长专业发展的实践研讨，拓宽了参训校长的视野和思路，激发了创新意识和管理能力；探索出适合学生全面而有个性的成长以及学校可持续发展之路，用实际行动推进教育高质量发展。

综上所述，在北师大教育培训中心"励耘好校长"项目组全体专家学员的共同努力下，参训校长的自身素质和学校管理水平得到了提高，学校特色发展和品牌建设取得了突破，充分彰显出学校的竞争力和影响力，为学校可持续发展提供了强有力的人才支撑和保障。培养出了一批又一批具有前瞻性教育理念、创新意识和领导能力的优秀校长。北师大"励耘好校长"项目还需不断完善培训评价体系，引入多元主体评价，实现培训前后一体化考核。进一步树立项目培训的品牌意识，及时梳理提炼成果固化。更加注重培训成果的转化和运用，高度关注参训校长能否切实将培训成果转化为管理和教育教学的实际成果，为学校的发展作出贡献。未来，通过校长课程的持续进行与不断研究创新，北师大"励耘好校长"项目必将成为培养"大先生"、教育家型校长的摇篮；必将为乡村教育振兴、为提高县域教育的高质量发展添砖加瓦；此项目的普适性意义和推广价值也将得到充分体现。

参考文献

[1] 国务院关于加强教师队伍建设的意见 [J]. 宁夏回族自治区人民政府公报，2012（18）：17-20.

[2] 蒿楠. 论基于"标准"的校长专业发展——我国《义务教育学校校长专业标准》反思 [J]. 教育科学研究，2015（3）：36-40.

[3] 马文起. 农村小规模学校校长队伍建设探讨——基于河南省 Q 镇 23 所农村小规模学校的调查 [J]. 中小学校长，2018（12）：16-19.

[4] 吕玉刚. 让"全面激发中小学办学活力"落到实处——《关于进一步激发中小学办学活力的若干意见》文件解读 [J]. 中小学管理，2020（11）：5-7.

[5] 蔡辉森. 学校教育治理现代化：校长的认识、理念与行动 [J]. 福建教育，2020（50）：6-8.

[6] 曲娜. 农村小学校长专业发展的个案研究 [D]. 长春：长春师范大学，2020.

[7] 李玉芳. 论中小学校长领导力及其开发 [D]. 上海：华东师范大学，2009.

[8] 韩雪奇. 关于中小学校长培训问题研究 [D]. 哈尔滨：黑龙江大学，2018.

[9] 许占权，何家仁. 乡村中小学校长需要怎样的培训"大餐"？——基于岭南地区 429 名乡村中小学校长培训需求的调查 [J]. 中小学管理，2018（8）：41-43.